KB264993

밥벌이
마인드

왜 자기 밥값을 해야 하는가?

밥벌이 마인드

윤한길 지음

다산
라이프

일의 의미는 스스로 만드는 것이다

최근 들어 해외 출장이 부쩍 잦아졌다. 전에 없이 바쁜 나날이 이어지면서 갈수록 체력이 하향곡선을 긋고 있다. 이제 어느새 체력에 대해 고민해야 하는 서른여섯이란 나이가 된 것이다.

얼마 전 출장지에서 아내에게 전화를 걸었다가 아이가 아프다는 소식을 들었다. 아이를 챙기느라 아내도 몸살 기운이 생겼다고 했다. 나의 잦은 출장으로 인해 홀로 일과 육아를 병행해야 하는 아내에게 여러모로 미안하다고 말했다. 그리고 아이와 당신이 무척 보고 싶다고, 사랑한다고 전했다.

수화기를 든 채 아내의 가라앉은 목소리를 들으며 숙소의 창밖을 바라보았다. 그곳엔 어두워진 이국의 밤 풍경이 흐릿하게 펼쳐져 있었다. 비가 내리고 거센 바람이 창문을 두드렸다. 나는 고독하고, 외롭고, 힘겨웠다.

'아픈 아이와 힘겨워 하는 아내를 두고 무엇을 위해 이 머나먼 곳에 와 있는 것일까?' 스스로에게 물었다, 내 삶과 직업의 이유를. 내가 치르고 있는 대가가 그만큼 가치 있고 의미 있는 것인지 되돌아보지 않을 수 없었다.

이러한 갈등의 순간이 올 때마다 나는 스스로의 과거를 떠올려 본다. 그때의 나였다면 아마도 자기 연민에 괴로워하며 무언가 다른 대안을 찾으려 했을지 모른다. 하지만 지금은 그런 자기 연민이 아무짝에도 쓸모가 없다는 사실을 알고 있다. 중요한 것은 현재와 미래를 통틀어 늘 최선을 만들어나가기 위해 노력하는 것이다. 자신이 처한 현실과 괴리되지 않으면서도 자신이 나아가고자 하는 미래를 똑바로 바라보아야 한다. 그래야만 힘겨운 일이 찾아와도 견고하게 버티고 헤쳐 나갈 수 있다.

2년 전쯤 베트남 출장을 갔었을 때의 일이다. 당시 나는 베트남 법인과 모종의 업무를 협의하기 위해 출장을 갔던 참이었다. 입국 수속을 밟던 중에 수속 담당자가 내 여권에 우연히 꽂혀 있던 명함을 보더니 만면에 웃음을 띠며 내게 물었다.

"오리온에서 근무하시나요(Are you working with ORION)?"

내가 적잖이 놀라며 그렇다고 대답하자 그는 전혀 뜻밖의 말을 했다.

"우리 아들이 오리온 초코파이를 무척 좋아합니다. 좋은 회사에 다니시네요. 즐거운 여행 되세요(My son likes ORION Chocopie very much. You are working with very good company. Have a nice trip)!"

나는 예상치 못한 그의 환대에 그저 감사하다고 말하고 자리를 떠났다. 그러나 마음 깊은 곳에서 미세한 흥분과 두근거림을 느낄 수 있었다. 그 사건은 내 직업이 현재와 과거 그리고 미래를 아우른 내 인생에 있어 어떤 의미를 담고 있는지 상징적으로 드러내주었다.

해외영업이란 직업은 쉽게 말해 해외에 물건을 파는 일이다. 그러나 물건을 파는 것만이 내 일의 전부는 아니다. 궁극적으로 나는 내가 취급하는 제품을 세계적인 브랜드로 만들어나가는 데 있어 첨병의 역할을 한다. 지금 내가 맡고 있는 지역들을 제대로 개척해나가면 또 하나의 해외시장 개척 성공 사례가 탄생하지 말란 법이 없다. 단적으로 말해 나는 '세계를 무대로 미래의 꿈을 만들어나가는' 일을 하고 있는 셈이다. 회사마다 처한 상황과 현실이 다르기 때문에 해외영업을 하는 모든 사람이 그와 같이 정의되는 일을 한다고 말하기는 어려울지 모른다. 그러나 나는 기본적으로 해외영업이라는 직업은 그와 같은 의미를 담아야 한다고 생각한다.

나는 일을 해나가면서 내 일의 의미에 좀 더 구체적인 꿈을 보태고, 하고 싶은 일들을 덧붙였다. 그러자 내가 경험하는 모든 일이 의미심장한 메시지로 변화되어 놀라운 깨달음을 얻었다. 그리고 한때 그저 밥벌이에 불과했던 내 직업에 점차 재미를 느끼기 시작하는 스스로를 발견했다. 물론 흥분과 재미를 느끼는 시간은 고작해야 전체 직장생활을 통틀어 아주 짧고 순간적일 뿐이다. 반면 그 순간을 위해 버티고 참아야 하는 기간은 매우 길고 지루하며 힘들다. 생각지도 못한 어려움과 문제가 파도가 되어 들이치기를 반복한다. 원칙이나 결단 혹은 꿈 없이 버티고 참아내기에 삶이란 그리고 직장생활이란 기본적으로 너무나 고된 가시밭길이다.

정직하게 말해 내가 위와 같은 생각을 가지게 되기까지 무척 오랜 방황과 고통의 시간이 필요했다. 누군가 '당신은 과거에 어떤 사람이었습니까?' 하고 물어 본다면 아마 나는 이렇게 대답할 것이다.

"빈껍데기, 자기 인생이 없었던 사람이었죠."

안타깝게도 나는 스스로의 지난 인생 대부분에 대해 이렇게 뼈 아픈 평가를 내릴 수밖에 없다. 하지만 중요한 것은 지금이 아니던가. 적어도 지금의 나는 과거에 비해 아주 '조금은' 변화되었다고 말할 수 있다. 단순하게 말해 '자기 인생이 없었던' 사람에서 '자기 인생을 찾아나가는' 사람으로 변화하고 있는 중이다.

그 변화의 가장 커다란 전환점 중 하나는 바로 이 책의 집필로부터 시작되었다. 나는 이 책을 통해 내 인생을 새롭게 조명하고자 했으며, 나의 직업과 나의 인생이 어떤 식으로 서로 싸우고 부덮히며 조화되어왔는지를 정리하고 그 의미를 곰곰이 생각해 보고자 노력했다.

나의 이야기가 과연 다른 사람들에게 어떤 방식으로 읽히고, 어떤 의미로 전달될지 걱정부터 앞선다. 더구나 짧고 어리석기만 했던 지난 인생을 감히 세상에 공개한다는 것이 한없이 부끄럽다. 그럼에도 이렇듯 과감하게 책을 세상에 내놓는 이유는 다른 누군가에게 감히 교훈을 주고자 함이 아니라 그저 내가 겪은 바를 다른 사람들과 나누고 싶기 때문이다. 이렇게 자신의 경험과 생각을 서로 나누는 것만으로도 우리 삶은 좀 더 나아지고 풍요로워질 수 있다고 나는 진심으로 믿는다.

마지막으로 짧지 않은 시간 동안 나를 믿고 격려해준 내 아내와 늘 환한 웃음으로 힘을 북돋아준 사랑스러운 딸 지민이, 그리고 과감한 결단과 따스한 시선으로 내 글의 출판을 결정해준 다산북스 관계자 분들께 진심으로 감사하다. 그들이 없었다면 이 책은 세상에 존재할 수 없었을 것이다.

1장

밥벌이 없는 현실의 가혹함

2장

지치고 힘들어도 계속하는 힘, 밥벌이 마인드

밥 버는 밥벌이를 넘어선 진짜 밥벌이

1장

밥벌이 없는 현실의 가혹함

정말 절실하게 하고
싶은 게 있기는 한가?

내겐 승리가 중요하다. 하지만 진정으로 기쁨을 느낄 때는 내가 하는 일에 몰두하는 순간이다. — 필 잭슨(미국 농구 코치)

저마다 그렇듯 나도 어린 시절에는 꿈이 많았다. 물리학자, 소설가, 가수, 화가 등등 무척이나 다채로웠다. 문제는 그런 꿈들이 무엇 하나 구체적인 것 없이 혼돈의 상태였다는 점이다. 시간은 속절없이 흘러갔고 '이거다' 할 만한 무언가를 끝내 결정하지 못한 채 평범한 학창 시절을 보내고 말았다. 탓하는 건 아니지만 당시 어른들은 이런 거짓말을 마치 사실인양 말하고는 했다.

"나중에 대학생 되면 뭐든 하고 싶은 걸 할 수 있게 된다."

나는 어쩌면 그 말을 순진하게 믿었는지도 모른다. 그러나 스스로도 미래에 대해 막연한 기대와 동경만 있었을 뿐 뚜렷한 계획 같은 것을 세울 생각조차 하지 못했다. 나는 그저 혼돈의 감옥 속에 갇혀 있었던 셈이다.

그 혼돈이 초래한 결과는 어땠을까? 한마디로 나는 늘 차선을 선택하는 삶을 살게 되었다. 어린 시절 막연하게 예술가를 꿈꾸던 나는 그 어떤 예술과도 관련 없는 일반 인문계 고등학교에 진학했다. 남들 다하듯 대입을 준비했지만 왜 대학에 가야 하는지 이유도 몰랐고, 미래에 꼭 하고 싶은 것도 없었으니 공부가 절실할 리 없었다. 그저 뒤처지지는 말자는 수세적인 태도로 일관하면서도 그럭저럭 어지간한 성적을 유지한 것은 다행이었지만 이것만으로는 충분치 않았다.

그 결과, 나는 1차로 지원했던 대학에 보기 좋게 낙방을 했다. 절실한 목표가 아니었으니 그리 아쉽지는 않았지만 뒷맛이 씁쓸하기는 했다. 다행인지 불행인지 당시에는 복수지원이라는 제도가 있어서 2차로 지원했던 한국외국어대 중국어과에 입학했다. 맙소사, 나는 그때까지 내가 중국어를 전공하게 되리라고는 눈곱만큼도 생각해 본 적이 없었다. 지금에 와서 보면 결코 나쁘지 않은 선택이었지만 당시의 내게 중국어를 배운다는 것은 정말 뜬금없는 일이었다. 어떤 과에 원서를 넣을까 고민하던 와중에 함께 원서를 내러 갔던 친구가 중국어과에 지원하는 걸 보고 친구 따라 강남 가는 식으로 원서를 낸 것이다.

대학과 학과의 선택이 향후 내 인생에 끼치는 영향이 얼마나 큰지 깨닫기에는 턱없이 어린 나이였다. 이전에 그랬듯 깊은 고민과 결단을 통해 이뤄진 선택이 아니었기 때문에 별 흥미도 없는 중국어를 배우러 학교에 다니는 스스로가 너저분하고 한심하게 느껴질 뿐이었다. 덕분에 나는 대학에 입학한 후에도 여전히 방황을 거듭했다.

하지만 군 복무를 마치고 복학을 해야 할 즈음이 되자 슬슬 졸업 이후에 대해 고민하지 않을 수 없었다. 무작정 유학을 가면 어떨까 생각해 보기도 했지만 그것도 여의치 않았다. 집안 형편은 넉넉하지 못했고 결정적으로 유학을 간다 한들 딱히 공부하고 싶은 게 있지도 않았다.

당시는 마침 중국과 수교가 이루어진 이후 중국 어학연수 붐이 한창 일어나던 시절이었다. 타 국가에 비해 상대적으로 비용이 저렴했기 때문이다. 덕분에 중국어를 전공하는 학생이면 대다수가 어학연수를 다녀오는 분위기였고, 나는 그저 또 뒤처지지는 말자는 생각으로 어학연수를 떠났다.

중국에서 돌아와 복학을 하고 4학년이 되자 취업이라는 굉장히

곤란하고도 심각한 문제가 나를 기다리고 있었다. 하지만 그때까지도 나는 정말로 하고 싶은 무언가를 찾지 못했다. 솔직히 그냥 놀고먹으면서 읽고 싶은 책 읽고, 쓰고 싶은 글 쓰며 살고 싶다는 생각이 늘 머릿속에 맴돌았다. 책을 읽고 글을 쓸 때만큼 편하고 즐거울 때가 없었기 때문이다. 읽고 싶은 책 마음껏 읽으며 살고 싶어서 하급 공무원이 되고 싶었다던 장정일의 글에 진심으로 공감하며 고개를 끄덕였다. 하지만 그로부터 머지않아 말이 쉽지 하급 공무원이 되는 것도 굉장한 결심 없이는 어려운 현실을 깨닫게 되었다.

그럼에도 일반적인 직장인은 정말 되고 싶지 않았다. 당시 나는 평범한 직장에 들어가는 것은 권태롭고 무기력한 인생으로 가는 지름길 정도로 여겼기 때문이다. 그러던 중 고민 끝에 나는 언론사 시험을 보기로 결심했다. 기자나 아나운서는 이름만으로도 그럴듯해 보이는 직업이었고, 스스로 생각하기에 나와 성향도 잘 맞을 것 같았다. 무엇보다 평범한 직장인은 아닌 셈이었다. 하지만 이 정도의 명분으로 시작한 언론사 시험 준비가 성공적일 리 없었고, 결국 나는 졸업을 코앞에 둔 시점까지 그 어떤 신문사나 방송사에도 합격하지 못한 채 발을 동동 구르게 되었다.

돌이켜보면 나는 중요한 인생의 기로에서 늘 '최소한 이렇게는

되지 말자'는 식의 차선 전략을 사용해왔다. 그러다 보니 그 선택
이 온전히 내 것으로 여겨지지 않아 방황하기 일쑤였다. 안전한
선택이 될 수 있을지는 몰라도 가슴 두근거리는 모험과 성취감은
존재하지 않았다. 그리고 그 삶은 빈껍데기와 같이 공허하기만
했다.

취업 낙방생에서
'직장인'으로

신화는 당신이 걸려 넘어지는 곳에 당신의 보물이 있음을 알려줍니다.
— 「신화의 이미지」, 조지프 캠벨

기자나 아나운서라는 직업은 그럴듯해 보인다거나 적어도 변변찮은 직장인은 되지 말자는 속편한 생각으로 쉽게 쟁취할 수 있는 것이 아니었다. 운 좋게 SBS 아나운서 필기시험에 통과해 면접까지 보기도 했지만 준비 부족을 깨닫고 거의 울다시피 하며 뛰쳐나왔던 기억이 아직도 생생하다.

그럴 만했던 것이 한창 시험을 보러 다니던 그 시절에도 정작 나는 기자나 아나운서라는 직업을 절실하게 갈구하지는 않았다. 오죽하면 언론사 시험을 함께 준비하던 스터디 모임에서 연애까지 시작을 했겠는가. 솔직히 말해 당시 내겐 시험 합격을 쟁취하는 것보다 사랑이 우선이었다. 진지한 사랑을 했기에 당시의 연애를 후회하지는 않지만 한편으로는 그보다 한심스러울 수가 없다. 연애에 기울인 만큼의 열정을 인생의 방향에 대해 고민하는 데 쏟지 않았기 때문이다. 스스로를 책임지지도 못하면서 타인을 사랑할 수 있다고 생각하는 것만큼 어리석은 일도 없다.

시간이 흘러 찬바람이 슬슬 불어오기 시작하고 졸업이 코앞에 닥치자 동기들의 취업 소식이 속속 들려왔지만 내겐 더 이상 시험을 칠 만한 곳도 거의 남아 있지 않았다. 이대로 낙오자가 될 것만 같은 처참한 기분이 엄습해왔다. 그때껏 그토록 암담하고 답답한 기분은 처음 경험하는 것이었다. 혼란스러웠다. 하지만 내 가슴속에는 여전히 진심으로 하고 싶은 일이 없었다. 가슴 한 구석이 텅 비어버린 것 같은 무기력한 나날들이 이어지던 와중에 친구 하나가 안타까운 표정으로 말했다.

"언론사는 일단 접고 더 늦기 전에 일반 기업에 취업 원서나 넣어 봐. 취업을 하게 되면 일단은 덜 불안할 것 아냐, 마음도 안정이 될 거고. 언론사 취업이 정 아쉬우면 나중에 다시 시도할 수도 있잖아."

날 걱정해서 해준 말이었겠지만 나는 녀석에게 당장이라도 주먹을 한 방 먹여주고 싶었다. 하지만 '일반 기업 취직은 뉘 집 어린애 이름이란 말이냐?', '그렇게 쉽게 될 성 싶으면 언론사 취업이라고 이렇게 줄줄이 낙방하지는 않았을 거다'라고 속으로 내뱉으며 한숨을 푹푹 쉬고 말았을 뿐이었다.

그러던 어느 날 우연히 인터넷 학과 게시판에서 구직 공고를 하나 발견했다. 한 외국계 자동차 배터리 기업에서 해외영업 직무 신입사원을 구하고 있었다. 특히 나의 이목을 끌었던 것은 '영어 및 중국어 가능자 우대'라는 부분이었다. 영어는 그다지 자신이 없었지만 어학연수를 다녀온 덕분에 중국어만큼은 그럭저럭 한다고 자부하던 시절이었다. 도전해 볼 만한 가치가 있었다. 나는 속는 셈치고 '설마 한 방에 되겠어?' 하는 부정적인 마음과 로또를 살 때처럼 혹시나 하는 심정이 뒤범벅인 채로 원서를 넣었다.

놀랍게도 며칠 후 서류전형에 통과했으니 면접을 보러 오라는 연락이 왔다. 정말이지 믿을 수 없는 일이었다. 그 뒤로는 일사 천리였다. 단 한 명을 뽑는 면접에서 모두를 제치고 최종 합격자가 되었고 회사에서는 당장 출근을 시작하라며 재촉했다.

하지만 아직 언론사 시험에 미련이 남아 있던 나로서는 갈등하지 않을 수 없었다. 아무런 보장도 없이 막연하기만 한 언론사 시험 재수에 돌입하느냐, 아니면 이왕 합격한 회사에서 일단 직장생활을 경험해 보느냐 하는 기로에 서 있었다. 외국계 합자회사라는 타이틀도 그럴듯했고 급여 조건도 좋았다. 또 해외영업이라는 직무도 그럭저럭 나와 어울릴 것 같았다.

결국 나는 고민 끝에 언론사 시험을 포기했고, 막상 출근을 시작하자 마음이 안정되면서 언론사를 포기한 데 대한 아쉬움은 금세 사라졌다. 사실 소속이 없는 채 졸업하는 것이 불안하고 초조했을 뿐 언론사 시험에 별다른 포부가 있었던 게 아니었던 것이다.

이제 와 돌이켜보면 내가 얼마나 스스로의 인생에 무책임하고 무모했었는지 기가 찰 정도다. 나는 그때껏 세상에 대해 일방적으로 질문을 하고 있었다. 내가 누구인지, 어떤 사람인지, 무엇을 해야 하는 사람인지 세상에게 알려달라며 떼를 썼다. 하지만 그런 내가 얼마나 어리석었는지 이제는 알고 있다. 오히려 질문을 던지는 것은 내가 아니라 세상이었다. 세상은 내게 늘 내가 누구냐며, 어떤 사람이냐며, 무엇을 해야 하는 사람이냐며 끊임없이 물었지만 나는 그때마다 대답을 회피하며 대충 둘러대고만 있었다. 그리고 향후 내 인생을 좌우하게 될 취업의 고비에서 그 문제의 심각성이 절정에 이른 것이다.

세상이 한때 나에게 물었다.

"너는 언론인이 될래, 일반 직장인이 될래?"

그리고 나는 대답했다.

"그냥 직장인 할게요."

이것이 내가 해외영업이라는 직업을 갖게 된 경위다. 시시하기 짝이 없음을 인정한다. 세상은 내게 참으로 진지하게 질문을 던졌건만 내 대답은 불성실하고 무책임하기 그지없었다. 하지만 겪어본 바 인생에는 반전이 존재한다. 세상의 질문은 형태를 바꿔가며 계속되고 있고 나 역시 늘 선택이라는 형태로 그 질문에 답해야 한다. 『인문학으로 광고하다』라는 책에는 다음과 같은 구절이 있다.

"최선을 다해 결정하고, 결정한 일은 더 이상의 대안이 없는 것처럼 집중한다. 설사 잘못된 결정이었다고 해도 좋은 결과를 이루어 옳은 결정이 될 수 있도록."

어떤 결정이 비록 최선을 다한 것은 아니었다고 하더라도, 혹여 잘못된 결정이었다고 해도 여전히 우리에게는 그것을 최선의 것으로 만들 수 있는 기회가 있다. 그리고 그 기회는 더 이상의 대안이 없는 것처럼 그 선택에 집중할 때 주어진다.

미리 밝히자면 나는 여러 우여곡절을 겪은 후 해외영업이라는 내 직업에 대해 다시 생각하고, 진심을 다해 집중하기로 마음먹게 되었다. 그리고 실제로 내 삶의 많은 것이 변화했다. 그 변화는 처음 직장생활을 시작하고 한참이나 지난 후의 일이지만 말이다.

그 누구도 밥벌이로부터 자유로울 수 없다

밥에는 대책이 없다. 한두 끼를 먹어서 되는 일이 아니라, 죽는 날까지 때가 되면 반드시 먹어야 한다. 이것이 밥이다. 이것이 진저리 나는 밥이라는 것이다.
— 「밥벌이의 지겨움」, 김훈

때는 바야흐로 2002년 1월. 나는 그렇게 인생 최초로 직장인으로서의 삶을 시작했다. 하지만 그토록 진저리를 내던 직장인의 대열에 속해버린 나는 점차 우울증에 가까운 심각한 고민과 번뇌에 빠졌다. 지금 현실의 원인이 바로 나의 줏대 없는 선택 때문이었다는 생각을 떨칠 수가 없었다. 보다 특별한 삶을 살고 싶었다면 그에 걸맞은 준비와 선택을 해야 했다. 하지만 결국 나는 시류에 편승하여 혹은 막연한 두려움으로 인해 내 인생의 큰 방향을 결정하게 될 중요한 선택을 너무나 손쉽게 해치워버린 것이다.

나는 무척이나 후회했다. 직장생활을 시작한 지 불과 두세 달 만에 말이다. 역시나 직장생활은 나에게 맞지 않는 것 같았고 그런 생각이 든 후에는 오로지 탈출하고 싶은 마음뿐이었다. 하루하루가 고되게만 느껴졌다. 같은 부서에 믿고 의지할 만한 사람이 몇몇 있었기에 망정이지 그나마도 아니었다면 한 달도 채 견디지 못했을지 모른다.

그렇게 시간이 흘러 6월이 되었다. 그리고 우리에게 가히 역사적 이벤트로 남을 2002 한일 월드컵이 시작되었다. 한국과 이탈리아의 숨 막히는 16강 경기가 벌어지던 날, 나로서는 평생 잊지 못할 사건이 벌어졌다. 경기가 거의 끝나갈 무렵 설기현 선수가 동점골을 넣었을 때도 한국이 이길 거라고 기대한 사람은 많지 않았을 것이다. 줄곧 이 일을 계속해야 하는 게 맞는지에 대한 고민이 극에 달해 있던 데다 들뜬 분위기에 거나하게 술도 한 잔 걸친 나는 문득 머릿속에 한 가지 생각이 스쳤다. 그리고 될 대로 되라 하는 마음으로 그 생각을 입 밖에 꺼내어 함께 있던 친구들에게 큰 소리로 내질렀다.

"연장전에서 결승골을 넣어 우리나라가 이기면 신의 계시로 알고 회사를 때려치울래!"

2002년 월드컵 당시 제정신이었던 사람이 몇이나 있었겠냐마는 아무리 그렇다고 해도 축구 경기 결과 따위에 직업을 둔 결정을 건다는 것은 정말 어처구니없는 일이었다. 더군다나, 하나님 맙소사, 대한민국 사람이라면 누구나 기억하듯이 우리나라는 안정환 선수의 골든골로 이탈리아를 꺾고 준결승에 진출하고야 만다. 그리고 나는 그 기적 같은 상황에 넋이 나가 부득부득 내가 한 약속을 지키고자 사표를 내고 말았다.

할리우드 로맨틱 코미디 영화에나 나올 만한 이 이야기가 그 영화들처럼 해피엔딩으로 끝났다면 얼마나 좋았을까. 하지만 안타깝게도 내가 직면한 상황은 그와는 거리가 멀었다. 아니, 나는 아예 지옥과도 같은 상황과 마주하게 되었다.

당시 아직 사회초년생이었던 나는 사실 일이 내게 맞네 안 맞네 하며 투정을 할 만큼 사회의 쓴맛을 본 적도 없었다. 호기롭게 사표를 던지기는 했지만 아무런 대책도 서 있지 않았다. 그저 막연하게 대학원에 진학해 볼까 하고 생각했었을 뿐이다. 이후에 겪은 고초를 돌이켜 보면 내 무모한 결정에 대해 뼈아픈 반성을 하지 않을 수 없다.

회사를 그만두겠다는 결정 자체는 잘못된 것이 아니었을지도 모른다. 다만 그 결정을 내린 원인에 매우 심각한 문제가 있었다. 고백컨대 나는 그저 평범한 직장인으로서의 스스로가 싫어서 무책임하게 현실로부터 도망친 것에 불과했다.

당시 나는 알지 못했다. 언론사 시험을 거쳐 언론인이 되건, 사법고시를 패스해서 검사나 변호사가 되건, 유망한 자격증을 따서 전문직에 종사하게 되건 간에 그 대부분이 결국 '직장인'이 되는 것에 다름 아니라는 사실을 말이다. 또 나아가 직장인이건 자영업자건, 프리랜서이건, 육교 위의 걸인이건 간에 누구를 막론하고 '밥벌이의 지겨움'으로부터 결코 자유로울 수 없다는 사실을 말이다.

입사 6개월 만에 지른 사표… 그 결과는?

꿈엔들 상상했으랴. 내가 첫 직장에 사표를 내고 대학원 진학을 핑계로 백수 생활을 하던 중 언제까지고 든든한 가장으로 계실 줄 알았던 아버지가 갑작스런 병환으로 쓰러지시고 만 것이다. 아버지의 투병 생활이 시작되고 아버지가 하시던 사업이 엉망이 되면서 우리 가족의 수입원이 사라져버렸다. 아버지 치료비와 당장 필요한 가족들 생활비는 물론이고 아버지 사업이 어려워지면서 진 빚까지 내가 책임져야 했다. 그런데 나는 직장을 그만둔 백수일 뿐이었다.

이렇게 급박한 상황에서도 나는 다시 직장인의 삶으로 돌아가고 싶지는 않았다. 그래서 무모하게도 6개월이라는 짧은 해외무역 업무 경험을 밑천으로 친한 친구 몇몇과 함께 무역회사를 하나 차렸다. 하지만 경험도 부족한 데다 판매 네트워크도, 자본력도 부족했던 우리가 성공할 리 없었고, 시작한 지 몇 달 되지 않아 사업을 계속 유지하는 것이 아무 의미가 없다는 사실을 인정할 수밖에 없었다.

이후 전기세가 밀려 촛불을 켜고 생활하는 등 경제적으로 쪼들린 날들이 이어졌다. 당장 일정한 수입에 너무나 목말랐다. 집에서 투병 중인 아버지에게 달려 있던 산소 호흡기는 무서우리만치 엄청난 전기세와 임대료를 빨아들였다. 빚 독촉은 끊이지 않았고 나는 이전에 빌렸던 학자금 대출을 갚지 못해 신용불량자가 될 위기에 처했다.

나는 그제야 비로소 무책임하게 내 이상만을 좇으며 살 수 없다는 사실을 뼈저리게 깨달았다. 어떻게든 내가 돈을 벌어야 나를 포함한 우리 가족이 버텨나갈 수 있었다. 결국 함께 사업을 시작했던 친구 중 한 명의 제안을 받아 그 친구의 아버지가 경영하는 회사에 다시 취업을 했다.

그리고 2004년, 아버지가 끝내 돌아가셨다. 그 사이 내 직장생활은 암흑 그 자체였다. 아무리 열심히 벌고 허리띠를 졸라매도 상황은 나아질 기미를 보이지 않았다. 첫 직장에 비해 봉급은 턱없이 적었고 주어진 직무는 나와 전혀 맞지 않게만 느껴졌다. 직장에서도 집에서도 모든 일이 그저 버텨내야만 하는 괴로운 일상일 뿐이었다. 미래는 암담하기 그지없었고 아무런 꿈도 희망도 찾을 수 없었다. 그저 살아남는 것만으로도 내 삶은 벅찼다.

상황은 악화되어가기만 했다. 친구 아버지네 회사에서 내가 담당해 준비하던 중국 법인 설립 계획이 취소되는 바람에 내 업무가 모호해져버린 것이다. 결국 나는 기획과 자재 수입 업무를 맡았지만 이미 담당자가 있던 일이었기 때문에 억지로 자리를 만든 격이었다. 더구나 경영 수업을 받아온 친구가 내 직속 상사였다. 오랜 친구와 직장에서 상하 관계로 지내는 일도 결코 쉽지만은 않았다. 친구와 그의 아버지는 이런 특수한 내 입장을 고려해 여러 모로 편의를 봐주고 다른 직원들에 비해 특혜를 주었지만 이는 오히려 내게 부담이 되었다.

상황이 이쯤 되자 나는 첫 직장을 무턱대고 그만둔 것을 후회하지 않을 수 없었다. 섣부른 선택이 초래한 처절한 경험을 하고 나서야 나는 세상과 직업에 대해 현실적인 인식을 갖게 된 것이다. 내 힘으로 당당하게 직업을 가지고, 그 일을 하면서 인정받고

대가를 받는다는 것이 인생에서 얼마나 중요한 의미를 지니고 있는 것인지 뼈저리게 느꼈다.

그런데 세상일이라는 것이 참 기묘하다. 고작 신입으로 6개월밖에 일하지 않은 직원에게 회사가 다시 입사를 제안할 확률이 얼마나 될까? 더구나 퇴사한 지 1년이 훌쩍 지나서 말이다. 그런데 놀랍게도 내게 그런 일이 일어났다. 친구 아버지네 회사에서 일하고 있던 어느 날 첫 직장으로부터 전에 내가 일하던 부서에 공석이 생겼으니 다시 입사할 의향이 있냐는 제안을 받은 것이다.

나는 어안이 벙벙했다. 나를 배려해서 회사에 자리를 만들어준 친구와 그의 아버지에게 송구스러웠지만 나의 선택은 이미 결정된 것이나 다름없었다. 당시 내게 다른 여지는 없었기 때문이다. 나는 여러 날 엄청나게 많은 술을 마시고 그만큼의 눈물을 쏟은 끝에 친구에게 이별을 고했다. 그리고 그토록 아쉬워하던 해외영업이라는 직업을 되찾게 되었다. 이때가 본격적으로 나의 해외영업 커리어가 시작되는 순간이자 진정한 내 직장생활이 시작되는 순간이었다.

이 일련의 경험을 통해 나는 직업이라는 것이 '밥벌이'로서 얼마나 절실한 의미를 지니는지 뼈저리게 알게 되었다. 하지만 그보다 더 값지고 중요한 것은 능동적인 생각과 선택, 그리고 행동이야말로 후회 없는 인생을 살아가기 위한 가장 중요한 기반이라는 깨달음이었다.

만일 내가 첫 직장을 그만두었던 선택이 뚜렷하고 절실한 꿈과 목표 아래 이루어진 것이었다면 이후 똑같이 어려운 상황을 겪었다 해도 나는 아마 그 선택을 후회하며 지옥 같았다고 회고하지는 않았을 것이다. 거꾸로 혹여 별다른 목표 의식 없이 친구들과 벌였던 사업이 잘 되었거나 울며 겨자 먹기로 들어갔던 친구 아버지네 회사에서 승승장구했다 하더라도 큰 만족을 느끼지는 못했을 것이다. 그것은 진정 내가 이루고 싶었던 것이 아니라 그저 상황에 쫓겨 택한 차선이었기 때문이다.

내가 언론사가 아니라 해외영업 일을 선택하고 그 선택을 번복하면서 겪었던 그 모든 과정이 지옥 같을 수밖에 없었던 것은 그 인생이 정말 내 것이라고 느낄 수 없었기 때문이다. 나는 스스로에 대한 인식도, 나를 둘러싼 세계에 대한 현실감각도 부족했다. 그래서 갑작스럽고 연쇄적으로 일어난 불행들을 감당할 만한 힘도 의지도 빈약했던 것이다. 결국 자기가 처해 있는 상황을 지옥이라고 느끼든 천국이라고 느끼든 전적으로 상대적인 인식일 뿐이다. 나는 지옥도 천국도 결국 스스로가 만드는 것임을 지난 경험을 통해 알게 되었다. 인생이 주었던 수많은 가능성이 꽃 저물

듯 스러져가고 그리 많지 않은 선택지만이 내 손에 남겨진 후에
야 이러한 깨달음을 얻게 된 것이 조금은 안타까울 뿐이다.

2장

지치고 힘들어도 계속하는 힘,
밥벌이 마인드

'밥벌이'기에 버틸 수 있고, 버텨야 한다

행복에 대하여 말하라. 세상은 당신의 슬픔이 없이도 이미 충분히 슬프다.
— O. S. 마덴(미국의 복음 전도사)

나는 그렇게 고통과 방황의 시기를 거친 뒤에 다시 신입 사원으로 해외영업을 시작했다. 어찌 보면 섣부른 선택으로 시간만 허비했다고 할 수도 있겠지만 그 모든 경험은 그 대가의 크기만큼이나 값진 교훈을 주었다. 생존 자체를 걱정해야만 하는 지경에 이르게 되면 인간은 인간다움을 지킬 수 없게 된다는 가르침 말이다.

그 때문에 나는 '밥벌이'라는 단어를 볼 때면 늘 기묘한 느낌에 사로잡힌다. 그것은 추하고 더럽고 치졸하지만 동시에 아름답고 숭고하고 치열하다. 나는 밥벌이라는 표현을 경멸하지만 동시에 경외한다. 아마도 나는 평생 이 단어에 대해 그런 모순된 느낌을 품게 될 것 같다.

그렇게 나는 새로운 마음가짐으로 '밥벌이'에 복귀했다. 고작 6개월밖에 근무하지 않았고 퇴사 후 1년이 훌쩍 지나기는 했지만 대학 졸업 후 갓 회사에 입사한 사람과는 입장이 사뭇 달랐다. 회사 측에서도 주변 동료들도 어쨌든 경력자로 여겼기 때문이다.

신입사원이라면 누군가 하나하나 가르쳐주었을 일도 나는 하나부터 열까지 스스로 깨우쳐야 했다. 하지만 나는 비교적 꿋꿋하게 잘 적응해나갔다. 재입사를 하기까지 내가 겪어왔던 수많은 경험이 나를 절실함으로 무장하게끔 만들어주었기 때문이다. 이미 나는 밥벌이라는 것이 삶에 있어 얼마나 절체절명의 의미를 지니는지 뼈저리게 느꼈던 터였기에 처음 직장을 가졌을 때와는 완전히 다른 태도로 업무에 임했다. 내 힘으로 정당한 대가를 받으며 직장생활을 할 수 있다는 것만으로도 그저 감사할 따름이었다. 정말 한동안은 매일같이 야근을 하고, 술을 아무리 많이 마셔도 피곤한지조차 모르고 일했다.

절실함은 이처럼 현실감각과 정신적 체력을 내게 주었다. 즉, 직장생활이란 자아실현이기 이전에 밥벌이라는 사실을 명확하게 인지하게 되었고, 아무리 힘겨운 상황에서도 일단은 버티고 참아낼 수 있었다. 그리고 더 나아가 닥쳐오는 문제들을 적극적으로 해결하고자 노력하게 되었다.

그즈음 나를 힘들게 했던 것은 상사의 핀잔이나 주위의 기대에 대한 부담감이 아니었다. 거센 파도처럼 밀려드는 온갖 잡무들과 보고서, 그리고 계속되는 회의들이 벅찰 뿐이었다. 시간은 부족한데 처리해야 할 서류들과 보고서들이 늘 산더미처럼 쌓여 있었다. 정작 시장과 제품에 대해 고민하고, 새로운 시장 개척을 위해 일하고 공부해야 할 시간을 확보하기가 도무지 어려웠다. 매일같이 야근을 하는데도 잡무는 쉽사리 줄어들지 않았다. 마치 진흙탕 속을 뒹구는 것 같은 느낌이었다.

잡무에서 벗어나는 건 애초에 불가능한 것은 아닐까 하는 의구심이 들기도 했지만 이대로 포기할 수는 없는 노릇이었다. 나는 어떻게 하면 잡무를 줄이고 보다 중요한 일에 집중할 수 있는 시간을 확보할 수 있을지 고민하고 또 고민했다. 그 결과 내가 찾아낸 해결책은 무척이나 단순했다.

'그래, 우선 나를 괴롭히는 모든 잡무와 서류의 달인이 되자!'

잡무를 처리하고 서류를 작성하는 시간을 최대한 단축시킴으로써 필요한 업무 시간을 확보하기로 결심한 것이다. 나는 우선 시간 관리나 업무 스킬과 관련된 책들을 구해 읽으며 나름의 기준을 마련했다.

우선 매일 아침 그날의 할 일들을 업데이트하고 정리했다. 그리고 그중 즉시 처리 가능한 것과 시간을 들여 처리할 것들을 구분했다. 또 깊이 있게 고민해야 할 문제들은 가급적 아침 시간에 배치하고, 기계적이고 잡무에 속하는 것들을 오후에 집중적으로 처리하고자 노력했다. 하지만 이러한 기준들에 의거해 움직이되 융통성을 발휘해야만 했다. 이를테면 상사의 특별 지시가 떨어졌을 때는 그 일을 최우선적으로 처리하는 것을 원칙으로 삼았다. 아부를 하고자 했던 것이 아니다. 상사가 무언가를 급히 처리하라고 했을 때는 나를 괴롭히려는 것이 아니라 그만큼 중요하고 긴급해서라는 것을 이해하고 있었기 때문이었다.

어떤 일이건 간에 달인의 경지에 이르려면 시간이 필요하다. 집중적인 숙련의 과정이 있어야 한다. 나는 잡무 처리의 달인이 되기로 결심한 후에도 이를 실행에 옮기기 위해 여전히 야근을 계속해야만 했다. 단 이전과는 달리 야근 시간에 잡무를 몰아서 처리하면서 좀 더 빠르고 정확하게 처리할 수 있는 방법을 찾기 위해 노력했다. 그리고 그렇게 애쓴 결과 점차 내가 필요로 했던 시간들을 확보할 수 있게 되었다.

이전의 나였다면 애초에 그런 노력을 해 보겠다는 생각 자체를 하지 못했을 것이다. 고된 경험을 통해 얻은 깨달음이 있었기에 가능한 일이었다. 처음 접하는 일은 누구에게나 힘겹게 마련이지만 반드시 해내야만 한다는 절실함이 있다면 참고 버틸 수 있다. 그리고 더 나아가 자신을 힘들게 하는 문제를 적극적으로 해결하고자 한다면 직장생활을 새로운 차원에서 바라볼 수 있게 될 것이다.

직장생활 매직넘버,
3년

성취 공식은 '재능 더하기 연습'이다. 문제는 심리학자들이 재능 있는 이들의 경력을 관찰하면 할수록 타고난 재능의 역할은 줄어들고 연습이 하는 역할은 커진다는 데 있다. – 『아웃라이어』, 말콤 글래드웰

어떤 일이든 일정한 수준에 도달하기까지는 그에 걸맞은 시간이 소요되기 마련이다. 신입사원이 미숙함을 벗고 일정한 궤도에 오르는 데도 그만큼의 시간이 필요하다. 내 생각에 한 직장에서 제대로 자리 잡기까지 최소 3년이라는 시간이 필요하다. 그리고 그 3년은 정말이지 처절한 인고의 시간이라 할 만 하다.

내가 다시 회사에 들어갔을 때 가장 벅차게 느껴졌던 것은 매일같이 계속되는 야근이었다. 직장이 집과 워낙 멀어 출퇴근 시간이 도합 세 시간이나 되었기 때문에 야근을 하면 빨라 봐야 열 시

쯤에나 귀가할 수 있었다. 자연스레 늘 잠이 부족했고 사생활도 점차 줄어들었다. 하루 종일 자리에 앉아 일하다가 밥과 술로 스트레스를 풀다 보니 체중도 기하급수적으로 불어났다.

아직 업무가 익숙지 않다 보니 목적도 모른 채 그저 시키니까 하는 일이 대부분이었고, 관련 서류를 작성해 상사에게 보고를 하면 혼쭐이 나며 서너 번은 수정을 거듭했다. 그리고 그 과정에서 때로는 모욕적인 언사도 감내해야 했다. 성인이 된 이후로 그렇게 바보 취급을 당해 본 것은 거의 처음 있는 일이었다. 처음에는 자존심에 상처를 입어 속으로 씩씩거리기도 했지만 나중에는 정말 내게 치명적인 문제가 있는 건 아닌지 스스로 의심이 들기까지 했다.

하지만 처음 시작했을 때만큼 고생스럽게 느껴지지는 않았다. 예전에도 야근을 밥 먹듯이 하고, 실수가 있을라치면 상사로부터 심각한 수준의 모욕을 당한 것은 마찬가지였지만 이제는 그 모든 일이 그럭저럭 견딜 만했다. 사회 초년생 시절과 재입사 후의 나 사이에는 어떤 차이가 존재했던 걸까? 단지 고생을 해 봤기 때문에 체력이 좋아진 것이었을까? 사회 초년생 시절에는 그저 철이 없어 만사가 힘들고 어려웠던 걸까?

나는 꽤나 많은 시간이 흐른 지금에야 가장 큰 차이를 깨달았다. 그것은 바로 목표 의식이다. 뼈저린 경제적 어려움을 겪고 첫 직장으로 다시 돌아왔을 때 내게 중요한 것은 오로지 생존뿐이었다. 살아남기 위해서라면 야근, 수면 부족, 상사의 꾸지람쯤은 아무것도 아니었다. 그렇게 3년 정도 지나자 모든 것이 슬슬 손에 익기 시작했다. 일도 한결 수월해졌고 회사에 대해서도, 그 안에서 함께 지내는 동료들에 대해서도 익숙해져갔다. 그리고 엄연한 담당자로서 직접 해외 출장을 다니며 맡은 바 업무를 스스로 책임질 수 있게 되었다. 이제는 그리 어렵거나 힘든 일이 없다 보니 때때로 권태로움이 느껴질 정도였다. 돌이켜 보면 이러한 변화는 참으로 놀랍다.

『아웃라이어』라는 책에 이런 구절이 나온다.

"복잡한 업무를 수행하는 데 필요한 탁월성을 얻으려면 최소한의 연습량을 확보하는 것이 결정적이라는 사실은 수많은 연구를 통해 거듭 확인되고 있다. 사실 연구자들은 진정한 전문가가 되기 위해 필요한 '매직넘버'에 수긍하고 있다. 그것은 바로 1만 시간이다. 신경과학자 다니엘 레버틴은 어느 분야에서든 세계 수준의 전문가, 마스터가 되려면 1만 시간의 연습이 필요하다는 연구 결과를 내놓았다."

나는 이를 읽고 내 상황에 대입해 계산해 본 적이 있다. 1년, 365일 가운데 휴일을 제외하면 업무를 수행한 일수는 245일 정도다. 야근 포함 하루 평균 열 시간씩 3년을 일하면 대략 7,350시간을 업무에 투입한 셈이다. 요컨대 3년 정도면 세계적인 수준까지는 아니어도 일단 전문적인 업무 능력을 갖추기에는 충분할 것이다. 물론 그 시간 동안 얼마나 밀도 높은 연습과 연구를 수행했는지에 달려 있겠지만 말이다.

사회생활을 하며 만난 선배들 중에도 어느 한 분야에 익숙해지고 제 몫을 해내게 되는 시기는 대개 3년 이후라고 말하는 사람이 많았다. 또 내 실제 경험상으로도 3년이라는 시간은 정말 '매직넘버'라고 할 만 하다. 전 직장에서도, 지금 직장에서도 그랬다. 3년 정도의 시간이 지나자 피부로 느낄 수 있을 만큼 업무적인 성장이 이루어졌고, 주변 동료나 상사로부터 어느 정도 인정을 받게 되었다.

하지만 3년이라는 시간을 견디는 게 중요한 이유는 단지 업무에 적응할 수 있기 때문이 아니다. 그 시간을 거치며 자신이 몸담고 있는 직업의 실체를 이해할 수 있다는 사실이 중요하다. 사실상 본격적으로 직업의 길이 열리기 시작하는 것은 3년 정도가 지난 시점이라 할 수 있다. 그렇게 참고 견딘 3년은 일을 제대로 해낼 수 있는 사람이 되기 위한 준비 기간이라고 해도 틀리지 않다.

일이 힘든 이유는
잘 모르기 때문이다

朝聞道 夕死可矣(아침에 도를 들을 수만 있다면 저녁에 죽어도 좋으리!)
- 공자

회사는 또 하나의 사회다. 다양한 사람들이 모여 함께 협업을 하며 그 과정에서 그들만의 독특한 문화가 만들어진다. 그들만의 언어를 쓰고, 각자의 직무에 맞는 고유한 업무 지식들이 축적되어 있다. 이제 막 그곳에 발을 들여놓는 신입사원 입장에서 회사는 사실상 생전 처음 가 보는 이국땅이나 다름없다.

나 역시 회사에 다시 들어가 본격적으로 일을 시작했을 때 내게 쏟아진 정보의 양과 이를 익히기 위해 필요한 학습량은 그야말로 엄청났다. 회사의 전반적인 구조 및 상황, 자동차 부품과 관련된 각종 지식, 기본적인 무역 관련 내용 등등 배울 것이 그야말로 산더미 같았다. 숱하게 이어지는 각종 회의 속에서는 도무지 알아들을 수 없는 용어들이 홍수처럼 터져 나왔고 내 노트에는 깨알 같은 필기와 물음표들이 쌓여갔다.

그렇게 굵직굵직한 업무를 배우는 동시에 반복적으로 이루어지는 일상 업무도 익혀야 했다. 메일 하나를 쓰는 데도 기본 서식이 필요했고, 잘 쓴 메일과 그렇지 않은 메일이 존재했다. 바이어와 통화할 때도 기본적인 원칙과 스킬이 있었고, 미팅이라도 할라치면 기본적인 의전에서부터 사전 준비 사항까지 나름의 정해진 룰이 있었다. 배워야 할 것들이 끝없이 나를 기다리고 있었다.

절실함과 끈기로 하나하나 배워나가기는 했지만 그저 힘겨울 뿐 일말의 흥미도 느끼지는 못했다. 평생 동안 도(道)를 추구했던 공자야 아침에 도를 들을 수 있다면 저녁에 죽어도 좋다고 했다지만 이제 막 회사에 다시 들어갔을 때만 해도 직장생활은 절실하기는 해도 밥벌이 이상의 의미를 갖지 못했기 때문에 그 모든 배움은 생존의 방편에 불과했다. 생존을 위한 몸부림은 괴롭고 힘들 수밖에 없다. 나는 어떻게든 해법을 찾아야만 했다.

그러던 외중에 나는 운 좋게도 롤모델을 한 명 발견했다. 그는 바로 우리 팀장님이었다. 팀장님은 업계 내에서 유능하기로 소문난 사람이었다. 특히 가장 큰 장점은 무서우리만치 철저한 업무 준비와 정리 습관이었다. 그저 기록을 쌓아두기만 하는 것이 아니라 정보들을 쉽게 찾을 수 있도록 정리하는 데 늘 심혈을 기울였다. 그의 그런 노력들은 항상 실전에서 빛을 발했다. 상사에게 보고를 하거나 해외 바이어들과 연락을 할 때 그는 늘 정확한 정보를 적시에 제공했다. 과거에 쓴 이메일을 비롯해 그가 만든 각종 자료들은 따로 모아두었던 데이터베이스에 숨어 있다가 필요할 때마다 적절히 모습을 드러내어 상대를 꼼짝 못하게 만들었다. 그가 내게 해준 주옥같은 조언 중 한 가지는 바로 이것이다.

"해외영업은 히스토리 관리다. 바이어와의 지난 역사를 기억하고 관리하지 못하면 유능한 해외영업인이 될 수 없다."

그의 조언을 들은 나는 쏟아지는 정보들을 무작위로 받아들이던 이전의 방식에서 탈피해 히스토리의 관점으로 정보들을 정리하기 시작했다. 대략 3년 전부터의 정보들을 해외 바이어와 있었던 일과 회사 내부적인 일로 구분하여 시간 순서에 따라 짚어나갔다. 그러자 정신없이 흩어져 있던 정보들이 하나둘 일목요연하게 자리를 잡아가며 비로소 이해되기 시작했다. 정보라는 것은 대개 하나의 기준을 가지고 정리해두면 그때그때마다 원하는 것을 쉽게 끄집어내거나 필요에 따라 재구성할 수 있다는 것을 알고는 있었지만 직접 그런 경험을 한 것은 처음이었다.

그에게 배운 또 한 가지는 모르는 내용은 반드시 확인하고 정리하는 습관이다. 꽤 경력이 쌓인 지금도 업무를 진행하다 보면 여전히 생소한 사항이 있어 당황스러울 때가 있다. 그럴 때면 나는 반드시 이를 확인하고 노트에 적어둔다. 임기응변으로 넘어갈 수 있을 만한 경우라도 그렇게 확실히 정리해두지 않으면 나중에 더 곤란한 상황에 처할 수도 있기 때문이다. 또 경력이 쌓이면 쌓일수록 사소한 것에서라도 빈틈을 보이면 프로답지 못한 인상을 줄 소지가 있고 그런 억울한 상황을 피하기 위해서라도 노트 습관은 아주 중요하다.

무엇이든 처음에는 어렵고 낯설기 마련이다. 그러나 신입사원 때만큼 정보를 충실하게 얻을 수 있는 기회는 흔치 않다. 가능한 한 더 많은 것을 묻고, 배우고, 터득해야 한다. 배움이란 다 때가 있다고 하지 않던가. 하지만 뚜렷한 목적이나 기준 없이, 무차별적으로 쏟아지는 정보들과 싸워서는 백전백패일 수밖에 없다. 그 정보들을 자기 것으로 만들고 지배하기 위한 나름의 방법을 찾고 터득해야 한다. 내가 그랬던 것처럼 롤모델을 찾아낼 수도 있고, 누군가의 방식을 거울삼아 자신만의 기준을 마련할 수도 있을 것이다. 여기에 정답은 없다. 그러나 분명 솔루션은 존재한다.

일에는 겉치레가 필요하다

내 앞에 서 있는 사람이 나에게 사기꾼으로 보이느냐 안 보이느냐에 따라 그를 대하는 나의 행동은 달라진다. 실제로 그가 사기꾼인지 아닌지는 크게 중요하지 않다. 그가 어떻게 보이는지가 더 직접적으로 우리의 행동을 결정한다.
— 『유쾌한 심리학』, 박지영

외모도 능력이라고들 한다. 나는 이 말에 다소 반감을 갖고 있다. 직업의 세계에서 능력만 출중하면 되지 외모가 무슨 상관이란 말인가. 외모는 타고나는 것인데 이로 인해 평가가 좌지우지되는 상황은 아무래도 불공평하다. 하지만 뛰어난 외모 덕분에 능력 이상의 점수를 받는 사람이 심심치 않게 목격되는 게 현실이다.

그런데 겪어본바 일반적으로 이야기되는 외모는 꼭 타고난 생김새만을 지칭하는 것이 아니다. 그 사람의 옷차림에서부터 말투,

행동거지를 모두 포함하는 것이다. 이러한 의미에서라면 외모도 능력이라는 말에 동감하지 않을 이유가 없다. 그 모든 것은 노력에 의해 개선될 수 있기 때문이다.

내 첫 직장은 복장에 그다지 엄격하지 않았다. 특별히 정해진 규정은 없었고 사내 분위기가 그러하기에 깔끔하게 양복을 차려입는 정도였다. 그래서인지 나는 한동안 출근할 때 옷차림에 별로 신경 쓸 일이 없었고 다른 사람들도 나와 별반 차이가 없는 듯했다. 그런데 시간이 얼마간 흐르고 보니 꼭 그렇지만은 않다는 것을 알게 되었다. 같은 양복이기는 해도 저마다 입고 있는 모양새가 조금씩 달랐다. 그리고 그 작은 차이들로 인해 지저분하고 게을러 보이는 사람이 있는가 하면 세련되고 깔끔해 보이는 사람도 있었다.

그즈음 같은 부서 선배 하나가 슬슬 내 외모에 대해서 한마디씩 던지기 시작했다. 지나가면서 툭툭 던지는 말들이었지만 은근히 신경을 건드리는 구석이 있었다.

"오늘 넥타이 근사하네, 어디서 산 거야?"

"와이셔츠가 좀 그렇지 않아? 너무 야하다."

고등학교 때 두발 검사나 교복 검사를 당해 본 세대라면 이해하겠지만 외모에 대해 다른 사람에게 이런저런 소릴 듣는 것은 무척이나 짜증나고 기분 상하는 일이다. 그게 칭찬이건 욕이건 상관없이 그런 간섭 자체가 불쾌한 것이다. 하지만 그렇다고 직장 상사에게 대놓고 언짢은 티를 낼 수도 없는 노릇이었다.

그렇게 좋지 않은 감정이 쌓여가던 어느 날이었다. 회식 자리에서 이런저런 대화가 오가던 중 우연찮게 해외영업 일을 하는 사람의 옷차림 이야기가 나왔다. 그러자 그 선배는 마치 기다렸다는 듯이 말을 꺼냈다.

"외모는 영업에 있어 무척 중요해. 어떤 첫인상을 주느냐에 따라 협상 결과의 절반 이상이 결정되거든. 그래서 예전에는 영업 자라면 다들 마치 유니폼처럼 흰 와이셔츠에 넥타이 차림을 하고 다녔지. 시대가 바뀌었으니 굳이 그런 관습에 구애받을 필요까지야 없겠지만 그렇다고 업무상 만나는 상대방에게 나쁜 인상을 줄 정도로 아무렇게나 입어서야 되겠어? 그러니 이왕이면 깔끔하고 좋은 옷을 사고 관리를 잘 해야지."

그리고 때때로 내게 옷차림에 대해 한마디씩 했던 것은 내가 외모에 별반 신경 쓰지 않는 것 같아 좀 더 주의를 기울였으면 하는 바람을 에둘러 표현한 것이라고 했다. 개인적인 취향이 반영된 것이었겠지만 그의 이야기는 내가 직장생활에 있어서의 외모에 대해 다시 생각하는 계기가 되었다.

이후 한참이 지나 회사를 옮긴 후의 일이다. 신입사원 하나가 내 부사수로 배정되었는데 키가 훤칠하고 피부가 뽀얀 데다 눈빛이 선한 게 한눈에 봐도 여자들한테 꽤 인기를 끌 법한 준수한 외모의 소유자였다.

그런데 그가 출근을 시작한 지 얼마 지나지 않아 생각지도 못한 문제가 발생했다. 그는 회사 근처에서 자취를 하고 있었는데 그래서인지 날이 갈수록 행색이 지저분해지기 시작한 것이다. 와이셔츠를 잘 다려 입지도 않았고 헝클어진 머리에 면도도 거른 채 출근하는 일이 다반사였다. 게다가 양복에는 늘 하얀 털이 덕지덕지 붙어 있었다. 하도 궁금해 그 이유를 물었더니 그는 태연히 웃으며 말했다.

"실은 제가 고양이를 키우거든요."

맙소사, 나는 하얀 고양이 털이 나부끼는 그의 방 안을 떠올리며 머리를 감싸 쥐었다. 나는 그에게 외모에 좀 더 신경 쓸 것을 주문하지 않을 수 없었고 다음과 같은 사항들을 일러주었다.

첫째, 양복은 한 달에 한 번 세탁소에 맡겨 깨끗하게 유지하고 고양이 털은 최대한 제거해라.

둘째, 와이셔츠는 가급적 다려 입어라.

셋째, 양복바지에 흰 양말은 삼가고 흰색 운동화는 절대 금지다

(급히 출근했는지 그런 차림으로 나타난 일이 있었기에 한 말이다).

넷째, 머리는 짧고 단정하게 유지하고 면도는 매일 꼬박꼬박 해라.

다 큰 사람에게 시시콜콜한 간섭을 하는 게 내키지 않았지만 굳이 이런 이야기를 했던 것은 조금만 신경을 써 가다듬으면 그의 타고난 외모가 업무상 빛을 발하리라는 기대 때문이었다.

하지만 아무리 입 아프게 이야기해도 그때뿐이었다. 그는 내 잔소리에도 불구하고 외모를 관리해야 할 필요성을 자각하지 못하는 듯했다. 많은 남자가 그러하듯 '이정도면 훌륭하지, 뭘!' 하는 식으로 생각하고 있었는지도 모르겠다. 어쨌든 결과적으로 나의 조언은 아무런 효과가 없었다.

그런 그에 대한 회사 사람들의 이미지는 날이 갈수록 악화되어 갔다. 그의 말에는 왠지 신뢰감이 가지 않는다고 말하는 사람도 있었고, 입사한 지 꽤 긴 시간이 지났는데도 여전히 너무 미숙해 보인다는 사람도 있었다. 왠지 뭘 시키기가 불안하다는 말도 들려왔다. 하지만 그럼에도 그의 외모 문제는 끝내 해결되지 않았다.

나는 이 신입사원을 겪으면서 외모의 중요성을 역설했던 첫 직장 선배를 떠올리지 않을 수 없었다. 그가 내게 얼마나 중요한 메시지를 전해주었는지 새삼 절감했다. 인정할 것은 인정해야 한다.

외모 관리는 분명 사회생활에서 중요한 요소 중 하나다.

타고난 외모에 자신이 없어 지레 포기할 필요는 없다. 외모야말로 아주 작은 노력으로 큰 성과를 얻을 수 있는 부분이기 때문이다. 유명 탤런트나 배우들을 생각해 보라. 훤칠한 꽃미남이 아니어도 매력적이고 멋진 사람이 얼마나 많은가. 대중 앞에 서야 하는 그들은 외모에 각별한 관심을 기울이며 체계적인 관리를 받는다. 그들만큼은 아닐지라도 타인에게 좋은 인상을 주기 위해 노력을 기울이는 사람은 타고난 외모와 상관없이 늘 단정하고 매력적인 인상을 준다. 사람들은 저마다 나름의 매력을 가지고 있고 이를 잘 가꾸고 발전시키는 것은 스스로의 몫이다.

척척박사 팀장님의 비밀

성공을 위한 비결이 하나 있다면 그것은 상대방의 관점을 이해하고 내 관점뿐 아니라 상대방의 관점에서 사물을 보는 능력이다. — **헨리 포드**

해외영업 일은 피상적인 관점에서는 무척 쉬워 보일 수도 있다. 업무적으로 관련된 여러 부문과의 소통에 충실하기만 해도 일을 진행할 수가 있기 때문이다. 그 각 부문의 업무에 대한 깊은 이해가 없고 심지어 자신이 판매하는 제품에 대해서마저 대략적인 정보만 알고 있어도 가능하기는 하다.

기술적인 부분은 연구소가 커버해주고, 생산과 관련해서는 공장 혹은 생산관리 및 구매 부서에서 지원해준다. 발송은 수출입 물류를 대행하는 업체가 처리하고, 그에 필요한 서류 및 선적 일정 안배는 관리팀에서 협조해준다. 사실상 나는 해외 고객이나 관련 부서와 연락만 잘 주고받아도 일은 진행된다. 오더를 받고, 생산을 의뢰하고, 선적 일정이 잡히면 고객에게 통보하고, 결제를 미리미리 챙겨서 미수금이 생기는 일이 없도록 하는 게 해외영업 일을 하는 사람의 기본적인 역할이다. 이런 업무는 약간의 시간만 지나면 금방 익숙해진다. 하지만 나는 얼마간의 시간이 지난 후 그와 같은 안이한 태도가 얼마나 잘못된 것인지 깨닫지 않을 수 없었다.

때는 바야흐로 연말이었다. 회사 입장에서 연말은 수요가 급증하는 대목이었고 이는 국내영업 파트, 해외영업 파트 가릴 것 없는 상황으로 이를 제대로 치러내기 위해서는 물량 확보가 관건이었다.

문제는 공장의 생산력에 한계가 있다는 것이었다. 당시 주요 해외 바이어로부터 전에 없이 많은 물량을 주문받은 나는 다급히 생산 의뢰에 열을 올렸다. 그런데 공장 측에서는 국내영업 쪽에서 받은 선주문 물량이 폭주 상태이고 이 때문에 원부자재도 부족해 내가 요구한 기한 내에 생산 및 선적을 맞출 수가 없다는 통보를 보내왔다.

도저히 해결 방안을 찾을 수 없었던 나는 별수 없이 이를 팀장님에게 보고했다. 심각한 표정으로 상황을 보고받은 팀장님은 알 겠다는 듯 고개를 끄덕이더니 먼저 우리 측 바이어에게 전화를 걸 었다. 그리고 과거의 판매 데이터를 근거로 올해 유독 많은 물량 을 주문하게 된 배경을 캐기 시작했다. 다각도로 대화를 이끈 끝 에 마침내 바이어가 그해의 인센티브를 노려 실제 수요보다 훨씬 많은 물량을 주문했다는 사실이 밝혀졌다. 그리고 적정 재고량을 다시 협의해 애초 입수되었던 오더와 비교한 후 주문 물량을 축 소했다.

다음은 공장이었다. 생산기획팀의 팀장에게 전화를 건 팀장님 은 새로 조정된 물량에 대해서는 먼저 말을 꺼내지 않은 채 현재 생산 상황이 어떤지, 내가 요청한 일정을 맞추는 것이 어려운 이 유가 무엇인지 주의 깊게 경청했다. 그 결정적인 이유가 국내영업 의 물량 폭주와 원부자재의 공급 지연이라는 사실을 다시금 파악 한 그는 전화를 끊고 국내영업 파트 가운데 가장 주문 물량이 많 은 팀을 찾아가 협의를 시작했다. 결국 팀장님은 그들이 주문한 물량 중 상당 부분의 생산을 뒤로 연기할 수 있다는 사실을 밝혀 내고 일정을 조정해줄 것을 요청했다. 그리고 그제야 비로소 우리 측 바이어와 협의하여 축소한 물량을 협상 카드로 꺼냈다. 국내영 업 파트에서 물량 일부를 양보하면 우리도 물량을 줄이겠다는 조건을 제시한 것이다. 그 결과는 대만족이었다.

마지막으로 팀장님은 원부자재 업체에 전화를 걸어 상세한 생산 일정을 확인해 입고 가능 일자를 협의했고, 그 결과 우리가 원하는 날짜에 적정 물량을 공급해주겠다는 협조를 얻어냈다. 그리고 이러한 사전 작업을 끝낸 후에 다시 생산기획팀에 전화를 걸어 그간의 상황을 통보하고 우리의 물량을 생산하는 데 차질이 없도록 일정을 확보해냈다.

이 모든 과정은 실로 거침없이 일사불란하게 이루어졌다. 당시의 나로서는 두 눈으로 직접 보면서도 어떻게 그런 일 처리가 가능한지 감을 잡을 수조차 없었다. 팀장님은 놀란 표정으로 서 있는 내게 이야기했다.

"얘기를 처음 들었을 때부터 이런 결과를 예상했지. 만들어놓은 시나리오대로 상황을 풀어나간 것뿐이야."

이 이야기를 듣고 더욱 놀라지 않을 수 없었고 당시에는 어떻게 그런 일이 가능한지 도무지 알 수 없었다. 하지만 이후 다양한 업무 경험을 거치면서 팀장님이 다년간의 경험을 통해 각 부문의 상황과 업무 처리 방법에 대해 잘 파악하고 있었기 때문에 해결책을 사전에 예측하고 처리할 수 있었다는 사실을 깨달았다.

이처럼 해외영업은 각 진행 단계의 업무에 대한 이해가 반드시 필요하다. 생산 부문의 사정, 기술적 측면에서의 제품의 강점과 약점, 물류 관련 프로세스 및 규정, 결제 관리 등을 비롯해 알아야 할 것이 무궁무진하다. 그에 대한 일정 수준 이상의 소양을 갖추지 못하면 고객이나 각각의 실무자들에게 내가 원하는 무언가를 요구할 수 없다. 그저 억지를 부릴 수밖에 없고 이것이 받아들여지지 않으면 상대방에게 질질 끌려 다니게 된다.

이는 단지 해외영업이라는 직무에만 국한된 이야기가 아닐 것이다. 회사 내에서 진행되는 거의 모든 업무는 분업과 협력 체계 아래 유기체적으로 맞물려 있다. 그렇기 때문에 직장생활을 하는 사람이라면 자신을 둘러싼 모든 부문에 훤한 제너럴리스트가 되어야 한다. 각 부문의 담당자들만큼 빠삭하게 알 수는 없겠지만 전반적으로나마 이해하고 있어야만 앞서 내 팀장님이 그랬던 것처럼 여러 입장을 조율하며 차질 없이 일을 진행할 수 있다. 이는 마치 오케스트라의 지휘자의 역할과도 같다. 그들은 직접 연주를 하지는 않지만 각 파트의 악기에 대한 이해가 있기에 지휘를 할 수 있는 것이다.

그런 업무적 소양을 쌓는 것은 결코 쉽지는 않지만 그렇다고 죽을 만큼 어렵지도 않다. 평소에 자신을 둘러싸고 있는 여러 방면에 약간의 관심만 기울이면 된다. 내가 직접 하는 업무가 아니라고 방관하기만 할 것이 아니라 호기심을 갖고 그때그때마다 배우고 정리하면 자신도 모르는 사이에 제너럴리스트로 거듭난 스스로를 발견할 수 있을 것이다.

유념해야 할 것은 제너럴리스트가 되어야 하는 이유가 고객이나 관련 부문의 사람들을 내 마음대로 주무르기 위해서가 아니라 함께 일하는 사람들과 원활하게 소통하기 위해서라는 점이다. 일을 하면 할수록 상대방을 이해하고자 하는 노력 없이 원활한 소통은 불가능하다는 사실을 절실하게 깨닫는다.

소통 없이는 협조도 없다. 협조를 얻지 못하면 업무를 성공적으로 이끌 수 없다. 경험과 연륜이 쌓이고 업무를 장악하게 되면 자기도 모르는 사이, 업무에 대한 아집이 자라기 시작한다. 타인에게 관심을 가지고 소통하기보다는 자신의 뜻과 생각을 관철시키려는 욕심이 커진다. 강한 의지가 필요할 때가 있기도 하지만 그런 독선적인 업무 태도는 대개 좋은 결과를 부르지 않는다. 최선은 그들의 진심 어린 협조를 얻어내는 것이다.

때로 불가피하게 내가 원하는 협조를 얻어내지 못하는 경우도 있겠지만 그렇다고 실망하거나 원망을 품을 필요는 없다. 그 경험을 통해 상대방의 입장이나 상황에 대한 이해의 폭을 넓히게 될 것이며, 차후 발생하는 유사한 상황에서는 새로운 해결책을 발견할 수 있을 것이다. 폭 넓은 이해와 소통 능력을 지닌 제너럴리스트가 되어야 하는 가장 큰 이유는 이처럼 업무를 진행하는 과정에서 생기는 어려움들에 의연하고 지혜롭게 대처할 수 있는 능력을 갖출 수 있기 때문이다.

마음을 읽는 자가 세상을 지배한다

세상에서 가장 어렵고 힘든 것 중 하나는 다른 사람의 마음과 욕구를 이해하는 것이다. 더욱이 영업 일을 하다 보니 상대방의 생각과 마음을 읽는 것이 얼마나 중요하고 또 어려운지 절감할 때가 많다. 『왓 위민 원트』라는 영화를 보면 세상 모든 여성의 생각을 들을 수 있는 능력을 갖게 된 주인공이 회사 내에서도 성공하고 사랑하는 여인의 마음도 사로잡는 이야기가 나오는데 그런 능력이 있다면 아마도 세상을 지배하는 것도 그다지 어렵지 않을 것이다.

내가 처음 해외영업을 시작한 아이템은 자동차 배터리다. 자동차 배터리는 보닛 안에 설치되어 밖으로 드러나지 않기 때문에 일반 소비자들에게 그 브랜드가 무엇인지는 중요한 고려의 대상이 아니다. 마케팅 용어로 말하자면 저(低)관여 상품인 것이다. 미국처럼 차량을 직접 손보는 문화가 형성된 지역에서는 실수요 대상 마케팅이 중요한 비중을 차지하기도 하지만 우리나라를 포함해 대부분의 나라에서는 자동차 정비소에서 추천하는 배터리를 별다른 고민 없이 구매하는 경우가 많다.

그래서 자동차 배터리 업계에서는 '진짜 소비자는 엔드 유저(end user)가 아니라 카센터 사장님'이라는 말이 있는데 아닌 게 아니라 이게 현실이다. 이러한 상황 때문에 자동차 배터리 영업에서는 마케팅 능력이 크게 요구되지 않는다. 마케팅 캠페인으로 대박을 만들 수 있는 아이템이 아니기 때문이다. 그래서 마케팅을 따로 공부하거나 마케팅 요소들을 깊게 고려해 일하는 사람을 찾아보기 어려웠다.

하지만 당시 함께 해외영업팀에서 일하고 있던 한 선배는 조금 남달랐다. 그의 생각은 늘 열려 있었고 실제 업무에 적용되느냐 아니냐를 떠나 이런저런 아이디어를 내고 실험하는 것을 즐겼다. 그래서인지 그때 이미 나이에 비해 빠른 승진 가도를 달리고 있었다.

그의 흥미로운 아이디어들 중에 하나는 일본 시장을 대상으로 기획했던 라면 프로모션 아이템이다. 바쁜 일과 속에서 라면을 많이 소비하는 일본 카센터 사장들의 생활 습관을 주의 깊게 관찰하고 그들의 입장에서 생각해낸 아이디어였다. 실제로 그 아이디어가 실행에 옮겨졌는지는 기억나지 않지만 그는 정말 그런 아이디어들을 활발히 쏟아내고 그 아이디어들에 대해 바이어들과 의견을 교환하는 것을 즐겼다.

그런 열정을 보인 것은 높은 이상이 있었기 때문이었고 그는 자신이 하고 있는 일에서 크게 성공하고자 하는 열망이 가슴속에 도사리고 있었다. 그로부터 얼마 후 회사를 떠난 그는 현재 세계 최대 자동차 부품 기업인 보쉬로 자리를 옮겨 싱가포르에 위치한 아시아태평양 본부에서 중책을 맡고 있다. 쉽지 않은 결정이었겠지만 더 나은 미래를 위해 과감히 해외 취업이라는 결단을 내린 것이다.

내가 출장차 싱가포르에 갔을 때 운 좋게 연락이 닿아 그를 만난 적이 있다. 그때 그는 동양인 최초로 보쉬 독일 본사의 이사회 멤버가 되고야 말겠다는 비전을 내게 이야기해주었다. 그 말을 하는 그의 얼굴은 예전에 그랬듯 자신감과 희망에 넘쳐 있었다. 나는 대화하는 내내 그가 어찌 그렇게 자신의 미래를 확신할 수 있는지 궁금했다. 그리고 그가 들려준 한 가지 에피소드에서 그 실마리를 찾아냈다.

한번은 그가 독일 본사에서 온 한 상급자를 모시고 해외 출장을 갔을 때의 일이다. 현장을 돌아보던 중 그 상급자가 문득 생각났다는 듯 질문을 던졌다.

"이 나라 인구가 얼마나 되지?"

시장조사에 있어 기본적인 사항이기 때문에 확인해두긴 했었지만 갑작스런 질문이었던지라 기억이 나지 않았다. 하지만 그는 당황하지 않고 질문을 던진 사람의 입장에서 재빨리 생각해 보았다. 아마도 대략적인 시장의 크기를 궁금해 한 것이지 정확한 숫자가 중요한 질문이 아닐 터였다. 다행히 선배는 당시에 머무르고 있던 도시의 인구는 정확히 기억을 하고 있었고, 이를 바탕으로 대략적인 숫자를 추산해냈다.

"이 도시 인구가 약 오백만 명인데 이 정도 규모의 대도시가 세 개 있고 전체 인구의 80퍼센트 정도가 거주하고 있으니 대략 이천만 명 안팎입니다."

직장생활 경험이 없는 이들은 감이 오지 않을 수도 있지만 이 답변은 그냥 정답을 말했을 경우보다 몇 배나 더 좋은 결과를 이끌어냈다. 그는 상급자의 니즈를 정확히 파악해 적합한 대답을 제시했고 더불어 침착하고 논리적인 면모를 드러냄으로써 유능한 인상을 주었기 때문이다.

이때 나는 타인의 입장에서 생각하는 것이 얼마나 중요한 일인지 다시 한 번 가슴에 새겼다. 사실 알고 보면 고객은 단지 내가 판매하는 상품의 소비자만을 의미하지 않는다. 나를 둘러싼 그 모든 사람이 일종의 고객이다. 그들의 입장에서 생각하고, 그들의 욕구와 니즈를 파악하고자 노력해야 한다. 그 노력은 직업적으로는 물론이고 인생 전반에 있어 매우 중요한 계기를 마련해줄 것이다.

워커홀릭의
기쁨

뭔가를 배워서 아는 사람보다는 그 실체를 좋아하는 사람이 되어야 한다. 또 그보다는 그 자체를 즐길 줄 아는 사람이 되어야 한다. **- 공자**

이제 와 돌이켜 보니 스스로의 상황에 대해 정확히 평가하고 문제를 깨닫는 것은 주변을 둘러보는 것에서부터 시작되는 것 같다. 다른 사람들이 어떤 생각과 방식으로 삶을 꾸려나가고 있는지를 관찰하는 것이다. 이는 매우 흥미롭고 의미 깊은 일이 아닐 수 없다. 삶에 정답이 있는 것은 아니지만 배워서 내 것으로 만들어야 할 인생의 교훈들은 산더미처럼 존재한다.

신입사원 시절 내가 모시던 팀장님은 이른바 '워커홀릭'으로 통하는 사람이었다. 업계에 정평이 나 있을 정도로 일에 관한 한 열정으로 똘똘 뭉쳐 있었다. 무엇보다 그는 어떤 사안이든 막힘없이 처리해냈다. 임원진의 갑작스러운 질문에도 절대 동요하는 일 없이 척척 대답을 했고, 어려운 문제가 닥쳐도 늘 의연하게 해결해냈다. 또 내가 모르는 게 있어 여쭤 보면 술술 명쾌하게 답변해 주었다. 그를 보면서 어떻게 그런 출중한 실력을 갖추게 되었는지 늘 궁금했던 나는 어느 날 그 비밀을 엿보게 되었다.

그는 거의 매일 야근을 했다. 그다지 특별한 일이 없을 때도 늘 퇴근시간 이후에 자리를 지키고 있다 보니 윗사람들한테 잘 보이려고 저러나 하는 의심이 들기도 했다. 하루는 나도 야근을 하느라 팀장님과 단둘이 사무실에 남을 기회가 있었는데 그가 뭘 하고 있나 유심히 관찰을 해 보니 그날 있었던 일들과 보고받은 자료들을 정리하고 있을 뿐이었다. 처음에는 그다지 대수롭지 않은 일이라 약간 실망을 했다. 하지만 기회가 있을 때마다 지켜본바 그는 거의 하루도 빼먹지 않고 그렇게 퇴근시간 이후에 가외 시간을 들여 정리를 했다.

폴더를 생성하고, 파일마다 이름을 붙여 일목요연하게 색인을 만들고, 중요한 내용들은 출력해서 따로 모아두었다. 그처럼 일일이 자료들을 정리하고 언제든 찾아볼 수 있게끔 꼼꼼히 정돈하는 것은 말처럼 쉬운 일이 아니다. 그의 책상과 내 책상을 비교해 보니 그가 일을 잘한다는 평가를 받을 수밖에 없는 이유를 깨닫지 않을 수 없었다.

세상에는 여러 종류의 사람이 존재한다. 그리고 저마다 타고난 강점이 다르기 때문에 일하는 방식이 다를 수밖에 없다. 모두가 그처럼 정리에 몰두할 수는 없다. 그는 자신의 정리벽을 업무에 기막히게 연결시킨 것이다. 하지만 안타깝게도 대부분의 사람은 자신이 가진 강점을 일에 잘 적용하지 못한다. 팀장님 같은 사람과 그렇지 못한 사람의 차이는 무엇일까?

팀장님은 진심으로 일을 즐기는 사람이었다. 나이대가 비슷한 몇몇 해외 바이어와는 친구처럼 지낼 정도였다. 협상 테이블에서는 언성을 높이며 치열하게 토론을 벌이지만 뒤풀이 자리에서는 그 누구보다 친근하게 어우러질 줄도 아는 사람이었다. 그는 그 모든 과정을 사랑했다.

일에 애정과 관심을 가지면 그와 관련된 모든 것이 달리 보이고, 깊고 폭넓게 생각하게 된다. 어떤 일이든 처음부터 뜻대로 되진 않는다. 하지만 일을 즐기는 사람은 난관에 부딪히고 실패를 거듭할 때 마다 더 잘할 수 있는 방법을 찾고 연구한다. 유달리 정리하기를 좋아하고 잘하는 팀장님의 강점이 업무적으로 활용된 것은 그가 자신의 일을 좋아했기 때문이다. 취미 활동에 열심인

사람들을 보면 누가 시키지 않아도 더 높은 수준에 도달하기 위해 꾸준히 노력한다. 팀장님은 이러한 노력이 일에까지 확장된 경우다.

대부분의 사람이 적성이나 흥미와는 관계없이 주어진 여건이나 상황에 맞춰 직업을 갖는 것이 현실이므로 그 안에서 자신의 강점을 발현하는 것이 가당치 않다고 생각할 수도 있다. 하지만 일을 대하는 태도와 스스로의 노력 여하에 따라 어떤 식으로든 강점은 드러나게 마련이다.

처음 입사해 해외영업에 대한 직업적 확신이 없던 시절에 나는 마치 다른 누군가의 일을 대신하는 것 같았다. 어울리지 않는 옷을 입고 있는 듯한 기분에 늘 답답했고 업무를 하느라 보내는 시간이 아깝게만 느껴졌다. 하지만 어려운 시절을 겪고 다시 일하기 시작한 이후 업무에 흥미가 붙고 성취욕이 생기자 일은 단순히 생계수단으로서의 의미를 넘어 내 삶의 일부로 변화되었다.

어린 시절부터 글쓰기가 취미였고 소설가를 꿈꾸었던 나는 그때부터 마치 소설을 쓰듯 내 업무를 구성하기 시작했다. 하나의 일이 시작되면 이를 하나의 이야기로 구조화하고 그 결말을 상상해 보았다. 그리고 마치 시나리오를 쓰듯 그 결말에 다다르는 과정을 역추적하여 계획을 세웠다. 늘 그 계획대로 이루어진 것은 아니지만 그 작업은 일을 수행해 나가는 데 많은 도움이 되었다. 그 과정들 자체가 내게 큰 즐거움이 되었기 때문이다.

자신의 성향이나 강점을 업무에 적용하는 것은 매우 중요하다. 눈에 드러나는 것이든, 보이지 않는 무형의 것이든 상관없다. 일에서 흥미와 기쁨을 느껴야 진정 더 잘하기 위해 노력하게 되고 탁월한 성과는 그로부터 비롯된다.

스스로 변화하지 않으면
반드시 후회한다

어느 항구를 향해 가는지도 모르는 자에게 순풍은 불지 않는다.
– 세네카

첫 직장 복귀 후 다시 시작된 나의 신입사원 시절은 엄청 빠르게 지나갔다. 헛되이 보낸 시간이 적지 않았기 때문에 이를 벌충하기 위해 노력해야 했고, 이렇게 과거에 얽매인 삶은 과거 지향적일 수밖에 없었다. 앞으로 어떻게 살아갈지에 대해 생각하기는커녕 당장의 생존에 집중하기에도 벅찼다. 매일매일이 숨 가빴다.

그렇게 3년의 시간이 지났고 업무에 있어서만큼은 정상 궤도에 올라섰다. 모범상을 받을 만큼 안정적인 평가를 받기도 했다.

그런데 상황이 이쯤 되자 다시금 내 안에서 무언가가 꿈틀거리는 것을 느꼈다. 생존 이상의 무언가를 갈구하는 스스로를 더 이상 외면할 수 없었다. 밥벌이가 삶에 있어 얼마나 절실하고 중요한 것인지 깨달았지만 그것만으로는 부족했다. 이제는 이를 넘어 내 인생의 좌표를 스스로 정해야 했다.

나는 일단 당장 할 수 있는 일이 무엇인지 고민했다. 지금 다니는 직장에서 꿈을 설정하고 펼칠 수 있을까? 만약 그렇다면 그건 어떤 꿈이어야 할까? 당장 떠오르는 것은 오직 한 가지뿐이었다. 열심히 조직에 헌신하여 임원의 자리에 오르는 것. 그것이 내가 당시 직장에서 꿈꿀 수 있는 가장 어려우면서도 가장 현실적인 꿈이었다. 한 회사의 임원이 되는 것은 매우 실현하기 어려운 일이기도 하거니와 사회적으로도 인정받는 성취 가운데 하나일 것이다. 하지만 전혀 가슴이 두근거리지 않았다. 해 보고 싶은 마음이 도저히 생기지 않았다.

나는 기왕 해외영업이라는 직업에 투신한 이상 이 직업만이 가진 고유한 가능성을 통해 이룰 수 있는 목표를 이루고 싶었다. 그것은 바로 새로운 해외시장을 개발하는 것이었다. 이는 스스로에게도 큰 의미를 부여할 수 있는 일이었다. 하지만 당시의 직장에서는 그런 목표를 설정하는 것 자체가 현실적으로 불가능해 보였다. 이미 전 세계적인 생산 및 판매 네트워크를 갖춘 글로벌 기업의 합자회사였기 때문이다. 새로운 해외시장으로의 투자나 개발을 본격화할 이유가 없었다.

결국 나는 내 꿈을 위해 이직을 하기로 마음먹었다. 스스로 정한 좌표에 따라 앞날을 개척하기 위해서는 일단 그것이 가능한 조건으로 나를 움직여야 했다. 이후 자리를 옮길 곳을 알아보던 중 가장 나의 마음을 이끈 회사가 바로 현재 내가 근무하고 있는 오리온이다.

당시 오리온은 해외시장 개척 성공 사례로 널리 알려져 있었다. 특히 중국에서 이룬 초코파이의 성공이 많은 사람에게 회자되었다. 나는 오리온에 입사하기 전에 그 성공 사례가 소개된 KBS의 '신화창조의 비밀'이라는 프로그램을 구해서 시청했고 큰 감명을 받았다.

하지만 이직을 결심하기까지에는 많은 갈등이 있었다. 그중 나의 선택을 가장 어렵게 한 것은 두 가지였다.

첫째, 업계가 바뀐다는 점이었다. 자동차 부품 업계에서 일하던 사람이 제과 업계 해외영업을 하는 것은 결코 쉽지 않은 일이다. 아예 직업을 바꾸는 것과 마찬가지라 해도 무방하다. 많은 것을 새로 배워야 하고 그만큼 많은 어려움과 스트레스가 따를 터였다.

나는 그 모든 변화가 두려웠다.

둘째, 외국계 합자기업이기에 가능했던 안정적 조건들을 포기해야 했다. 국내 규모 면에서는 오리온이 당시 다니고 있던 회사보다 더 컸지만 고용 안정성이나 임금 수준은 외국계 합자기업이 더 나았다. 식품 업계는 널리 알려진 바와 같이 전자제품이나 자동차 등의 업계에 비해 임금 수준이 낮아 다소 초라해 보이는 것이 사실이다. 소득이나 타인의 시선이 신경 쓰이지 않았다고 하면 거짓말이다.

그 외에도 걱정되는 일이 수없이 많았다. 하지만 나는 단 한 가지만 생각했다. '지금 변화에 도전하지 않으면 10년 후 나는 그 결정을 후회할 것인가, 그렇지 않을 것인가?' 나는 후회할 것이 분명했다. 당장 주어지는 임금 수준이나 사회적 시선 따위는 중요하지 않았다. 당시 나는 밥벌이에 대한 절실함만으로는 더 이상 버텨낼 수 없음을 깨닫고 있었다. 밥벌이에 불과했던 내 직업에 새로운 의미를 부여해야 했다.

이후 여러 경로를 통해 알아본 결과 나는 오리온이 내게 구체적이고도 강력한 비전을 세울 수 있는 환경을 제공해주리라는 믿음을 갖게 되었다. 그곳에서라면 이제까지와는 다른 차원의 해외영업을 경험할 수 있을 거라고 확신했다. 그리고 나는 곧 오리온 경력사원 공채에 지원하여 여러 차례의 면접을 거친 끝에 마침내 합격 통지를 받았다.

이직은 크나큰 모험이다. 더군다나 업계를 바꾸는 이직은 훨씬 더 위험하다. 하지만 나는 결단을 내렸다. 꿈과 현실의 괴리가 크고 깊다고 해서 이를 줄이기 위해 노력조차 하지 않는다면 그때껏 늘 그랬듯 차선의 삶을 살 수밖에 없을 것이기 때문이었다. 진심으로 원하는 일을 이루기 위해서는 스스로 변화를 만들어내야 했다.

일단 시작하고자 마음먹은 이상 다음 일은 다음에 생각하기로 했다. 당시의 내게는 도달하고자 하는 선명한 목표를 갖게 되었다는 사실 자체가 중요했다. 결론적으로 말하건대 내가 이직이라는 모험을 선택한 이유는 내가 이르고자 하는 최종 목적지를 제대로 탐색해 보고 싶었기 때문이다. 나는 내 직업을 통해 구현할 수 있는 그 꿈의 한계가 어디인지 알고 싶었고, 그 목표는 직업의 영역을 넘어 내 삶 전체에 있어 도전해 볼 만한 가치가 있다고 생각했다.

그리고 그렇게 4년여가 흐른 지금, 나는 그때의 결정에 만족한다. 여전히 과정 중에 있기는 하지만 흔들리지 않고 그 목표를 향해 나아가고 있으며, 그리 멀지 않은 미래에 그 선택의 답에 도달할 수 있으리라 믿는다. 우리는 스스로 변화해야 한다. 변화는 주어진 것이 아니라 스스로 결정하고 일궈낸 것일 때 값지고 의미심장한 교훈을 주기 때문이다.

밥 버는 밥벌이를 넘어선
진짜 밥벌이

직장은 내가 주인공이 될 수 있는 무대다

넘버원의 베스트가 아니라 온리원의 독창성에 미래를 걸어야 한다.
— 이어령

우여곡절 끝에 직장을 옮겨 새 자리에 둥지를 틀었건만 내게 다가온 현실은 녹록하지 않았다. 업계를 바꿔 이직을 한 것은 예상보다 많은 스트레스와 압박을 주었다. 당시는 내가 사회생활을 시작한 지 벌써 4년 정도 된 시점이었다. 이는 적지 않은 시간이었고, 솔직히 나는 이직을 하기 전에 내가 해외영업이라는 직업에 웬만큼 자리를 잡았다고 생각했다. 업계와 영업 아이템이 바뀐다고 해도 일을 처리하는 데 큰 어려움이 없을 거라고 믿었다. 나름 치열하게 일을 배우고 익혔다고 자부했기 때문이다. 하지만 막상 자리를 옮기고 보니 그건 그저 내 생각이었을 뿐이라는 사실을 깨닫게 되었다. 업계를 바꾼다는 것은 과거에 내가 쌓아왔던 것들을 철저하게 무너뜨리고 새로운 지식과 경험을 처음부터 다시 만들어가야 함을 의미했다.

하지만 여기까지는 괜찮았다. 업계를 바꾸기로 생각했을 때부터 어느 정도 고생을 각오했기 때문이다. 진짜 문제는 그런 어려움을 감수하면서까지 변화를 결심하게 했던 이유에 대한 확신이 흔들리는 것이었다. 이상과 현실의 거리는 쉽사리 좁혀지지 않았다. 새로운 환경에 적응하기 위해 정신없는 나날을 보내던 어느 날, 나는 문득 과거와 그다지 다를 바 없는 스스로를 깨달았다.

나는 오리온에 입사할 때 중화권과 동남아시아 담당자로 배정되었는데 이는 전혀 문제가 없었다. 전 직장에서도 동일한 지역을 담당했기 때문이다. 하지만 나는 입사 전부터 중국에서의 초코파이 성공 신화에 높은 관심을 가지고 있었고, 입사 후에 중국 비즈니스 관련 업무를 수행하게 될지도 모른다는 근거 없는 기대를 했었다. 아니, 오히려 그런 기대가 이직을 결심하는 데 가장 크게 작용했는지도 모른다. 그러나 막상 입사를 해 보니 오리온의 중국 비즈니스는 이미 현지 법인이 설립되어 독자적으로 움직이고 있었으므로 내가 중국 비즈니스에 가담할 수 있는 가능성은 거의 없어 보였다. 나는 크게 실망하지 않을 수 없었다.

하지만 그렇다고 해서 모든 희망이 사라져버린 것은 아니었다. 내가 맡고 있는 지역 가운데 새로운 비전과 목표를 발견할 수 있는 곳이 있으리라 기대했다. 하지만 그런 생각 역시 현실과는 많이 동떨어져 있었다. 내가 맡고 있던 지역들은 당시 그다지 주목받지 못하고 있던 비주력 국가들이었기 때문이었다. 회사가 언제 본격적인 시장 개발에 돌입할지 알 수 없는 상황이었다. 이직을 하기만 하면 새로운 길이 보일 거란 내 기대는 오산이었다. 그곳에 나를 위해 준비된 것은 아무것도 없었다.

시간은 그렇게 흘러갔다. 나는 변화되지 않는 상황에 애를 태우며 때로는 절망하고, 때로는 현실을 개탄했다. 나는 준비되어 있건만 주변 상황이 따라주지 않는 현실에 서글펐다. 내가 찾고자 했던 꿈과 인생의 새로운 방향은 여전히 요원했다. 이대로는 힘겹게 이직을 결심한 의미가 없었다. 퇴로를 막힌 기분이 든 나는 다시 고민에 빠졌다.

그렇게 내가 흔들리고 있는 것이 다른 사람들 눈에도 보였던 모양이다. 같은 부서에 내게 큰 의지가 되어주던 선배가 하나 있었는데 그가 어느 날 나를 불러 이런 이야기를 들려주었다.

"우리가 하는 일이 특별한 이유는 무에서 유를 창조하기 때문이야. 준비되어 있는 건 아무것도 없어. 우리 스스로 만들고 이끌어내야 해. 힘들고 어려운 일이지만 해냈을 때는 그만큼 커다란 희열을 맛볼 수 있지. 좀 더 참고 견디면 분명 네게도 기회가 찾아올 거야. 무엇을 원하고 어디로 가야 할지 분명하고 구체적으로 생각하는 동시에 꼭 잘 될 거라고 스스로 믿어야 해. 난 적어도 그렇게 하고 있거든.”

놀랍게도 그는 그런 말을 내게 해준 지 얼마 되지 않아 정말 자신이 원하던 대로 두바이에 사무소를 만들어 주재원이 되었다. 그해 초까지만 해도 전혀 계획에 없던 일이 어느 날 갑자기 바람을 타고 급물살을 타더니 그전에 계획되었던 무수한 일을 제치고 가장 먼저 실행되었던 것이다. 나는 그의 사례를 지켜보면서 새삼 마음을 다잡았다.

그러고 보니 나는 그때까지도 여전히 분명한 목표를 찾지 못하고 있었다. 새로운 시장을 개척하겠다는 큰 그림은 있었지만 무엇 하나 구체적인 게 없었다. 나는 그 무엇보다 그것을 발견해야 했다. 그러던 중 내게 기회가 찾아왔다. 중국에 출장을 가게 된 것이다.

처음 출장차 베이징을 방문해 중국 오리온·법인의 도움을 받아 시장조사를 했을 때를 잊지 못한다. 주요 대형 할인점들마다 매대를 가득 채운 오리온 제품들을 목격한 나는 감동하지 않을 수 없었다. 중국에서 판매되는 오리온 제품들은 모두 현지에서 생산되기 때문에 한국인들에게는 낯선 포장을 가진 경우가 많아 일반인들은 현장에 간들 나와 같은 기분을 느끼지 못할 수도 있다. 하지만 오리온이 거둔 중국 시장에서의 성공은 거의 불가능에 가까운 것이라고 해도 무방하다. 단적으로 말해 중국 오리온의 매출은 조만간 한국 오리온의 매출을 뛰어넘을 것으로 전망되고 있다. 한국 오리온의 역사는 반세기가 넘었지만 중국 오리온의 역사는 그 절반에도 못 미친다. 더구나 중국 오리온은 한국 오리온에 비해 제품 종류가 절대적으로 적다. 그 획기적인 매출 신장은 내놓는 제품마다 족족 성공시킨 결과다. 충동구매 시장인 제과 업계에서 이러한 성공 사례는 찾아보기 어렵다. 그리고 물론 그 성공의 배경에는 초코파이라는 아이템이 든든하게 버티고 있었다.

오리온 초코파이는 매우 놀랍고 독특한 제품이다. 전 세계적으로 제과 시장의 카테고리는 비스킷, 스낵, 껌, 초콜릿, 캔디 정도다. 오리온이 1974년에 처음으로 초코파이를 출시하기 전까지 '파이' 카테고리는 기존의 제과 업계에 존재하지 않았다. 그리고 무수한 유사품이 시중에 나온 지금까지 오리온 초코파이는 독보적인 위치를 차지하고 있다. 이는 나름의 기술 장벽이 존재하기 때문이다. 초코파이의 생명은 초콜릿, 비스킷, 머시멜로우의 적절한 혼합

비에 의해 탄생하는 부드러운 식감에 있다. 그 식감은 비스킷이 머시멜로우에 의해 적절한 수분을 머금고 있어야만 유지되는 데 이를 가능케 하는 기술이야말로 초코파이의 핵심이다.

이처럼 독창적인 제품인 초코파이는 오리온이 해외 사업을 추진해 나가는 데 있어 큰 강점이 되었다. 해외 제과 시장은 대부분 글로벌 업체들이 선점하고 있다. 스낵은 프리토-레이(Frito-lay), 초콜릿은 마스(MARS)와 네슬레(Nestle), 비스킷은 크래프트(KRAFT), 껌은 위글리(Wrigley)라는 식이다. 제과 시장 내에 이미 1등 기업들이 존재하고 있어 동일한 제품군을 들고 그들과 경쟁하기에는 너무나 많은 비용과 시간이 필요한 게 사실이다. 기존 시장에 존재하지 않던 새로운 카테고리를 제시한 초코파이는 그 자체로 글로벌 제품이 될 수 있는 가능성을 지니고 있었던 것이다. 특히 중국과 베트남의 제과 업계 내에서 초코파이 시장은 블루오션이었다. 그리고 이는 여전히 다른 많은 해외시장의 경우에도 마찬가지다. 현지에서 카피 제품이 등장하기도 하고, 한국 내 경쟁사들도 초코파이를 생산하고 있지만 오리온이 가진 오리지널리티와 해외 생산 기지로까지 확장된 강력한 생산력을 따라올 만한 경쟁 업체는 나타나기 어려울 것이다.

오리온에 입사해 한 해, 두 해가 지나고 제과 업계와 제과 시장 해외영업에 대해 알면 알수록 중국에서와 같은 성공이 얼마나 이루기 어려운 것인지 이해할 수 있었다. 그리고 나도 모르는 사이에 스스로에게 이런 질문을 하게 되었다.

"만약 내가 중국 사례 같은 또 하나의 성공을 만드는 주역이 될 수는 없을까?"

그건 정말 상상만으로도 가슴 벅차고 뿌듯한 일이 아닐 수 없었다. 그리고 그 순간 나는 비로소 직장생활과 나 자신의 접점을 어느 정도 찾아냈다. 단지 고속 승진을 해 월급을 올리겠다는 등의 안일한 생각이 아니라 '나도 저런 걸 한번 만들어 보고 싶다'는 동기가 내 안에 불 지펴진 순간이었다.

직장생활에서 뭔가 밥벌이를 넘어선 가치와 의미를 찾고자 이직을 결심했던 내가 그것을 찾아냈다는 것만으로도 참 다행이다. 하지만 하고 싶다는 마음만으로 끝나는 일이 얼마나 많은지 생각하면 앞으로 가야할 길이 너무나 많이 남아 있다. 무엇보다 우선 중국 같은 적절한 기회와 무대를 찾아내야 한다. 당시 중국에서 얻은 마음속 불씨를 어떻게 잘 유지하면서 때를 기다릴 것인지가 내 커다란 숙제이고 그 숙제는 여전히 현재 진행형이다.

일등이 아니라 일류가 되어야 한다

'최소율의 법칙'이라는 것이 있다. 이는 독일의 생화학자인 유스투스 리비히가 1843년에 주장한 최소양분율 이론에 따라 발견된 법칙인데 내용은 다음과 같이 축약할 수 있다.

"식물의 생산량(수량)은 가장 소량으로 존재하는 무기성분에 의해 결정된다."

다시 말해 식물이 정상적인 생육을 하기 위해서는 여러 종류의 무기 성분이 적당한 비율로 공급되어야 하는데 만일 이들 성분 가운데 어느 하나라도 부족하면 그 식물의 생육은 그 부족한 성분에 의해 지배되어 아무리 다른 성분이 많이 주어져도 정상적으로 자랄 수가 없다는 이론이다. 이 법칙은 나무 물통에 비유되곤 한다. 서로 다른 길이의 나무 조각들을 세로로 연결해 만든 물통에 담을 수 있는 물의 양은 결국 그중 가장 짧은 나무 조각의 길이에 의해 결정된다.

이 법칙은 조직을 운영하는 리더가 조직 전반의 상향평준화를 이루어야 하는 이유를 알려주는 법칙으로도 유명하다. 성공적인 조직을 만들기 위해서는 그 구성원들이 모두 일류가 되어야 한다. 최소율의 법칙에 따르면 누구 하나라도 이류인 경우 그 조직 전체가 이류가 되는 것은 시간문제이기 때문이다. 나는 이 법칙의 메시지가 지닌 중요성을 중국 오리온을 방문했을 때의 경험에서 실감했다.

오리온에는 입사 2년차 교육에 중국 법인을 다녀오는 과정이 있다. 내가 그 교육에 참여했을 때 중국 법인 측에서 당시의 사업 현황을 소개하던 중 교육 참가자 가운데 한 명이 이런 질문을 던졌다.

"중국 오리온이 이토록 성공을 거둔 핵심적인 이유가 뭔가요?"

당시 교육을 진행하던 오리온 중국 법인 이사는 이렇게 대답했다.

"글쎄요, 한마디로 표현하면 일등주의가 아닐까요?"

이어진 부연 설명은 무척 흥미로웠다. 중국 오리온 법인에서 일하는 사람들은 한국 본사 사람들만큼이나 자부심이 대단하고 자신이 하는 일에 긍지를 느끼고 있다는 것이었다. 그리고 그와 같은 자부심과 긍지는 한국 사람이건 중국 사람이건 다르지 않다는 것이었다. 한국에서 중국 법인의 성격에 대해 익히 들어왔던 바와 다르지 않은 설명이었다. 중국 오리온에는 전략을 세우고 이를 전달하는 본사 직원에서부터 현장에서 발로 뛰는 영업사원들까지 모두 스스로 생각하고 움직일 줄 아는 강력한 실행력을 갖춘 조직이 구축되어 있다는 것이었다.

처음 그런 설명을 들었을 때 나는 솔직히 반신반의했다. 결과가 좋으니 과정에 대한 설명도 좋으려니 했다. 그러나 교육 이후에 다시 한 번 중국 출장을 갔을 때 나는 그 설명이 조금도 거짓이 아님을 확인할 수 있었다. 당시 나는 해외시장 개척에 필요한 노하우를 전달받기 위해 중국 본사에 시장조사를 할 수 있도록 도와달라고 요청해놓은 상태였다. 중국 본사에서는 흔쾌히 시장조사를 도와줄 영업부 한 사람을 보내주었다.

만 하루 동안 나는 베이징 시내 곳곳의 대형 할인점들을 돌아다니며 시장조사를 수행했다. 그날 가장 인상적이었던 것은 중국 오리온의 껌 시장 공략 현황이었다. 주요 매장마다 오리온 껌이 좋은 목에 진열되어 당당히 판매되고 있었다. 초코파이나 기타 비스킷의 지속적인 성공에 대해서는 익히 알고 있었지만 껌만큼은 예상 밖이었다. 해외 제과 시장은 글로벌 기업들이 각축전을 벌이고 있어 껌 등의 아이템은 한국과는 비교가 안 될 정도로 치열한 경쟁을 벌여야 하기 때문이다. 그 경쟁은 대개 매장 내에 진열 공간을 확보하는 것으로 표출되는데 이는 결국 돈 문제와 직결된다.

그렇다면 중국 오리온은 껌 진열을 위해 어마어마한 돈을 쏟아 붓고 있었던 것일까? 나의 의문에 동행했던 중국 직원은 자신만만한 미소를 지으며 대답했다.

"우리에겐 초코파이라는 강력한 브랜드가 있잖아요. 매장이 진열 공간을 내주지 않으려고 하면 초코파이를 무기로 협상을 벌이죠. 그쪽에서는 초코파이 공급에 차질이 생기면 큰일이니까요. 다른 한편으로는 영업사원들이 지속적으로 새로운 진열 공간과 진열 도구를 고안하기 위해 노력하고 있어요. 경쟁사에서 A라는 진열 공간을 돈으로 사들이면 우리는 B에다 새로운 진열 장치를 고안해 설치하는 식이죠. 버려진 공간을 찾아내서 거기에 걸맞은 보조 판매대를 설치하기도 하죠. 중요한 건 우리는 포기하지 않는다는 겁니다. 계속해서 새로운 방법을 연구하고 비용을 최소화하기 위해 노력하죠. 늘 그렇지는 않지만 대체로 성공적인 편입니다. 우리 슬로건이 스마트 앤드 스트롱(Smart & Strong) 아니던가요?"

나는 의심이 많은 사람이다. 그의 설명을 백 퍼센트 믿기는 어려웠다. 제아무리 그렇다 한들 대규모 투자 없이 그와 같은 매장 진열을 유지하기는 어려울 터였다. 그러나 대형 할인점을 돌아다니다 보니 실제로 오리온 제품의 진열이 경쟁사들과 확실히 다르다는 것을 알 수 있었다. 물론 적지 않은 비용을 쓰고는 있었을 것이다. 그러나 디테일이 달랐다. 경쟁사와는 다른 기발하고 독특한 진열 방식과 공간 활용이 눈길을 끌었다. 개장 이후 한 번도 진열에 쓰이지 않았던 벽면을 찾아내 그에 맞추어 특별히 제작한 매대를 설치하고, 타깃 소비자들의 동선을 치밀하게 고려해 매장 곳곳에 손쉽게 제품을 집어 올릴 수 있는 간이 진열대를 만들어 붙여 놓는 등 신선한 아이디어들이 눈에 띄었다. 이는 껌만이 아니라 스낵, 비스킷, 파이 제품에도 똑같이 적용되고 있었다. 일반적으로 그런 보조 진열은 매장에 돈을 지불해야만 진행할 수 있다. 그러나 새로운 아이디어를 만들어 적극적으로 제안하면 매장으로부터 환영받기도 하고, 보다 저렴한 가격 혹은 공짜로 진행할 수 있다고 했다. 중국 오리온 성공의 이면에는 이와 같은 현장 직원들의 자발적이고 강력한 활동들이 든든하게 버티고 있었던 것이다.

그런 강력한 영업력은 자신이 일하고 있는 회사와 스스로를 일류로 인식하는 강한 자부심이 기반에 있지 않으면 불가능하다. 각자가 스스로 생각하고 행동하는 조직. 그런 조직을 만들어낸 중국 오리온이 계속적인 고속 성장을 이뤄낼 수 있었던 것은 당연한 일이다. 공룡과도 같은 거대 글로벌 업체들과의 경쟁 속에서도 주눅 들기는커녕 끝끝내 방법을 찾아내면서 반드시 소기의 성과를 만들고, 경쟁에서 승리하고자 하는 노력과 열정이 일개 영업사원의 마음속에까지 강렬하게 지펴지고 있다는 것이 놀라울 뿐이었다. 그리고 나는 알게 되었다, 중국 오리온을 성공시킨 것은 일등주의가 아니라 조직 전체가 자연스럽게 일류를 지향하게 만든 전염성 강한 열정이었다는 것을.

만약 내가 담당하고 있는 시장에도 우리 제품에 대해 그러한 열정을 품을 수 있는 파트너와 조직을 만들 수 있다면 얼마나 좋을까? 중국에서 보낸 일정 내내 나는 그 생각을 떨칠 수가 없었다. 구체적인 방법까지 생각해낼 수는 없었지만 적어도 나는 그 순간 새로운 길을 발견한 것 같았다. 내가 우선 목표로 삼아야 할 것이 무엇인지, 그리고 어떤 마음가짐으로 해외 바이어와 비즈니스 파트너들을 만나고 사귀어야 하는지 깨달았다.

내 손으로 일을
그려나가는 기쁨

강하고 성공한 사람들은 환경의 희생양이 되지 않는다. 스스로 가장 좋아하는 환경을 만든다. 그의 핏속에 흐르는 힘과 에너지가 모든 일을 원하는 대로 성취하게 만든다. - O. S. 마덴(미국의 복음 전도사)

마음속에 하고 싶은 일에 대한 불씨는 지펴졌으나 내게는 여전히 '어떻게?'라는 질문이 남아 있었다. 목표는 설정되었으나 그 목표를 어떻게 달성해야 하는지에 대해서는 아직까지 배우고 익혀야 할 것이 너무나 많았다. 그리고 이전과는 다른 목표가 설정된 만큼 그 목표에 도달하는 방식 역시 과거와는 완전히 달라져야만 했다. 실제로 오리온에서 겪은 업무 내용은 내가 과거에 해왔던 해외영업과 판이하게 달랐다.

내가 오리온에 입사하고 얼마 지나지 않았을 때의 일이다. 아직 새 업무와 환경에 적응하지 못해 매일매일 끙끙 앓던 시절이었다. 하루는 이전에 거래가 없던 한 해외 바이어로부터 인콰이어리(Inquiry, 함께 비즈니스를 하고 싶다는 일종의 제안서)를 받고 관련 내용을 정리해 보고를 준비했다. 일반적으로 해외 바이어들의 비즈니스 제안에 대해 처음 단계에서 고려할 수 있는 사항은 그리 많지 않다. 머나먼 나라의 실제 시장 상황이나 비즈니스를 제안해 온 업체에 대한 자세한 정보를 사전에 확보하고 분석하기가 무척 어렵기 때문이다. 제품별 원가가 얼마인지, 어느 정도의 이윤을 남기는 것이 좋은지 정도를 검토하면서 비즈니스 시작 가능성을 저울질하는 것이 보통이다.

그래서 이번에도 역시 일단 제품의 원가에 대한 조사와 적정 수준의 이윤율을 설정하여 보고서를 작성했다. 그러나 그 상태로 보고를 해도 괜찮을지 살짝 불안했다. 업계가 달라진 만큼 비즈니스 접근 방법 역시 다를 수 있을 것 같았기 때문이다. 나는 제출하기 전에 다른 지역을 담당하고 있는 한 선배에게 보고서를 봐달라고 부탁했다. 내 보고서를 잠자코 보던 그가 말했다.

"우리는 브랜드 오너야. 그냥 마구잡이로 제품을 던지는 무역업체가 아니지."

그제야 나는 아차 싶었다. 제과 업계만의, 또 오리온만의 신규 비즈니스 접근 방식이 있었던 것이다. 그리고 그 차이를 극명하게 드러내는 것이 바로 '브랜드 오너'라는 표현이었다.

내가 단순히 해외영업자가 아니라 브랜드 오너라는 사실을 절실하게 깨달은 것은 멀리 필리핀에 사는 한 한국인으로부터 한 통의 전화를 받았을 때였다. 소비자관리실로부터 연결된 전화였는데 그는 내가 전화를 받자마자 다짜고짜 매우 흥분된 어조로 신랄한 말들을 늘어놓았다. 그의 말이 하도 정리가 되지 않고 혼란스러워서 나는 아무 대꾸도 못하고 넋을 잃은 채 그의 말을 듣고 있었다. 한참이 지나서야 나는 마침내 그가 무엇 때문에 전화를 걸었는지 이해하게 되었는데 자초지종은 이랬다.

전화를 한 사람은 필리핀에 이민을 간 후에 병을 얻어 병원에서 벌써 몇 년째 투병 중이었다. 병원에서 오래 지내다 보니 음식이 입에 맞지 않고 가끔씩 단 것이 생각날 때가 있는데 구하기가 쉽지가 않았다고 한다. 그래서 아내를 시켜 꽤 멀리 있는 한국 슈퍼마켓에서 평소 즐겨 먹던 오리온 초콜릿을 한 박스씩 사다 먹었는데 그렇게 어렵게 구해온 초콜릿들 대부분이 유통기한이 지난 데다 먹지 못할 정도로 녹거나 깨져 있더라는 것이다.

나는 그제야 낮은 한숨을 내쉬었다. 그리고 그에게 머리 숙여 사죄를 한 이후 자초지종을 이야기했다. 그가 구입한 제품은 오리온을 통해 정식 수출된 제품이 아니었다. 국내외 소규모 오퍼상들이 나름의 경로를 통해 소량으로 유통시킨 제품이 분명했다. 그렇게 무책임하게 해외에 수출된 제품들은 현지 유통 과정에서 전혀 관리를 받지 못한다. 이런 경우 제품을 판매한 무역상도, 제품을 수입한 수입상도 그저 판매와 수익에만 관심이 있을 뿐이다. 판매 이후에는 제품에 대해 누구도 책임지지 않는다. 그러다 보니 제품이 소비자에게 전달되는 과정에서 유통기한은 물론 제품 품질의 유지 및 관리가 제대로 시행될 리 없다. 결국 소비자는 신뢰할 수 없는 제품을 구매하게 되고, 제조자는 자신도 모르는 사이에 해외 소비자들에게 좋지 않은 인식을 남기게 된다.

이런 이야기를 소비자에게 일일이 설명할 수는 없었다. 더구나 그는 해외에 있는 소비자였다. 단지 이국땅에 와서까지 오리온 제품을 찾는 충성스런 고객일 뿐이었다. 제품의 실제 유통 과정이야 관심 밖의 일인 것이 당연했다. 나는 오랜 시간에 걸쳐 그에게 설명을 했으나 결국 납득시키는 것을 포기했다. 정체불명의 오퍼상들이 저지른 일로 인해 이런 불상사가 생긴 것이 조금은 억울했지만 결국 그가 실망감을 맛본 것이 오리온의 제품이었으므로 나는 어떻게든 그에게 보상을 해주고 싶었다. 나는 소비자상담실에 연락을 해서 같은 제품 두 박스를 보내도록 조치를 취했다. 충분한 보상은 될 수 없었을 것이다. 다만 그런 조치를 통해 그가 조금이라도 위로를 받을 수 있기를 바랐다.

결국 이와 같은 문제는 브랜드를 소유하고 있는 제조업체와 단순히 판매 및 매출에 집중해야 하는 중소 규모 오퍼상의 입장 차이에서 비롯된다. 브랜드를 소유하는 제조업체는 브랜드의 가치를 중시하기 때문에 늘 소비자들을 생각해야 한다. 그러지 않고서는 경쟁이 치열한 글로벌 시장에서 살아남을 수 없다. 그러나 소규모 무역상이나 오퍼상들은 그러기가 쉽지 않다. 이들은 너무 다양한 제품을 다루고 너무 다양한 나라와 무역을 한다. 물건이 판매된 이후 외국 현지에서의 유통 과정까지 일일이 통제하고 확인하는 것은 현실적으로 불가능하다. 더 큰 문제는 몇몇 글로벌 회사들을 제외하고는 대부분의 무역이 사실상 그렇게 이루어지고 있다는 점이다. 해외 현지에서의 판매 상황이나 유통은 거의 전적으로 해외 바이어들에게 의지하고 있는 것이 현실이다.

내가 알기로 아직까지 국내에서 이루어지고 있는 해외영업 대부분은 '무역'의 형태에서 더 나아가지 못했다. 좋은 제품을 적절한 가격에 해외 수입상에 공급하고 적정한 이윤을 남기는 역할에서 크게 벗어나지 못하는 것이다. 물론 이는 그 나름대로 의미를 지니고 있다. 그러나 오리온의 해외시장 개발 과정을 배우면서 내가 느낀 것은 본격적인 해외시장 개발을 위해서는 단순 무역 형태에서 반드시 한걸음 더 나아가야 한다는 사실이다. 시장을 좀 더 깊이 있게 바라보고, 그 시장에 적합한 비즈니스 모델을 찾아내 충성스러운 고객들을 만들어내야 한다. 내가 이러한 관점에서 해외영업을 할 수 있는 여건을 갖춘 회사에서 일할 수 있게 된 것은 참 행운이다.

이제 나는 해외 바이어가 좀 더 많은 물량을 수입해 가게끔 할 방법을 고민하지 않는다. 나는 수입상과 동일한 입장에서 '어떻게 하면 해당 국가의 소비자들이 우리 제품을 좀 더 많이 구매하고 즐기게 할 수 있을까?'를 고민한다. 나는 기꺼이 해당 바이어의 영업사원이자 마케팅 사원의 입장이 되어 보고자 한다. 바이어와 상담할 때도 좀 더 구체적으로 시장 및 판매 상황에 대해 질문하고, 현장의 이슈들을 중심으로 대화를 나눈다. 수입상은 그저 우리 제품을 사들이는 사람이 아니라 우리 브랜드를 해외 소비자들에게 소개하고 전달하는 대리점인 셈이기 때문이다. 그러므로 나는 그가 좀 더 많은 소비자에게 효과적으로 판매할 수 있도록 물심양면에서 지원함은 물론 더욱 선진적이고 효과적인 판매 및 유통 방안에 대해 제안할 수 있어야 한다. 이는 내가 현지 시장 상황을 알지 못하면 애초에 고민할 수 있는 내용이 아니다. 그렇기 때문에 자연스럽게 출장 일정은 길고 잦아질 수밖에 없다. 결국 해외영업이라는 일이 주는 문제와 해답은 모두 현장에 존재하기 때문이다. 물론 내가 담당하고 있는 모든 국가에 대해 그런 고민을 하기는 어렵다. 집중해야 하는 지역과 그렇지 않은 지역이 존재한다. 그러나 내 업무의 궁극적 지향점은 지역을 막론하고 늘 같다.

이러한 관점의 해외무역의 정점에 있는 것은 역시 새로운 시장의 발굴과 개척이다. 그리고 나는 이를 이루기 위해 노력하는 과정에 있다. 그 과정은 생각보다 복잡하고 수많은 난관에 둘러싸여 있다. 무엇보다 새롭게 배우고 익혀야할 것이 너무나 많아 놀랍다 못해 기가 찰 지경이다. 하지만 나는 그 모든 과정이 즐겁다. '새 술은 새 부대에 담으라'는 성경 말씀처럼 새롭게 설정된 목표와 꿈 안에 새로운 정보와 지식들이 채워지고 있기 때문이다.

나는 그저 업무 개념을 새로 잡았을 뿐인데, 그저 목표가 구체화되었을 뿐인데 정말 많은 것이 송두리째 달라지는 경험을 하고 있다. 이러한 변화는 단지 해외영업에만 국한된 이야기는 아닐 것이다. 직장인이라면 혹여 자신이 하는 일에 대해 스스로 선입견을 가지고 있지는 않은지 돌이켜보자. 일 혹은 직업이라는 것은 고정불변의 것이 아니라 늘 새롭게 정의되고 해석될 수 있다. 자기 일

의 핵심을 들여다보기 위해 노력하고 그 안에서 꿈을 설정하기로

마음먹으면 그 일은 이전과는 완전히 다른 새로운 모습으로 다가

올 것이다.

미스터 초코파이로
거듭나다

일은 인격의 연장이다. 일은 성취를 목적으로 한다. 일은 자신을 정의하고, 자신의
가치와 인간성을 가늠하는 방법 중 하나다. **– 피터 드러커**

자신이 하는 일에 개인적인 애정을 가지게 되는 지점은
어디일까? 어떠한 배경과 경험이 있어야만 직업을 통해 '나'를 이
야기할 수 있게 될까? 나는 이러한 질문에 대한 답을 찾아 헤맸
다. 일을 해나가며 이루고자 하는 목표가 생기고 이를 성취하기
위해 매진하는 것 자체만으로도 분명 유쾌한 일이다. 하지만 자기
직업에 대한 애정 없이는, 직업이 자신의 정체성을 말해주는 또
하나의 언어라는 인식 없이는 그런 목표를 이루고자 하는 생각은
그저 공허한 구호에 그칠 공산이 크다.

필리핀 출장 중에 있었던 일이다. 현지 수입상과 함께 시장조사를 하다 들른 한 슈퍼마켓의 매장 관리자를 만났다. 수입상이 한국 오리온에서 온 직원이라고 나를 소개하자 그는 만면에 미소를 띠며 반갑게 나를 맞았다. 그런데 그의 첫마디가 걸작이었다.

"오, 진짜 미스터 초코파이가 오셨군요."

그의 예상치 못한 유머에 우리는 누가 먼저랄 것 없이 한바탕 호탕하게 웃었다. 미스터 초코파이라니 예상치 못한 호칭이었다. 수입상은 평소 자신이 미스터 초코파이로 불렸는데 이제 그 닉네임을 돌려주게 되었다며 빙긋 웃었다. 이는 자신이 그만큼 우리 제품에 대해 열심히 뛰고 있다는 어필이기도 했다. 이후 수입상은 만나는 사람마다 나를 한국에서 온 진짜 미스터 초코파이라고 소개했다. 이름보다 그 닉네임으로 나를 기억하게 되는 것은 아닌지 걱정될 정도였다.

나는 당시 미스터 초코파이라 불릴 때마다 묘한 기분에 사로잡혔다. 판매하는 제품과 스스로가 동일시되는 경험을 통해 일과 내가 밀접하게 엮여 있음을 절감했기 때문이었을 것이다. 그때의 기분은 일종의 자부심이라 해도 좋을 만한 것이었다. 또 사람들이 판매 현장에서 진행되는 시식회에 몰려들어 맛을 보고 행사 도우미의 설명을 들으며 초코파이를 카트에 담는 것을 볼 때마다 나는 큰 희열을 느꼈다. 나와 소비자 그리고 초코파이는 그렇게 이어지고 있었다. 이때부터 초코파이는 내게 좀 더 각별한 의미를 지니게 되었다.

글로벌 브랜드들의 제품과 나란히 진열된 우리 제품을 목격했을 때의 뿌듯함은 이루 말할 수 없다. 그것은 나와 우리가 함께 만들어낸 작품인 셈이기 때문이다. 영업이 다른 직무에 비해 특수한 면은 이처럼 현장에서 두 눈으로 직접 성과를 확인할 수 있다는 점이다. 그리고 이러한 체험은 강한 성취감을 동반한다. 특히 제과 등 일반 대중을 대상으로 하는 소비재를 취급하는 경우에 그 감흥은 더욱 클 것이다.

나는 그러는 사이에 미스터 초코파이라는 내 닉네임을 사랑하게 되었다. 해외영업이라는 일을 통해 새로운 정체성을 갖게 되었고, 그때 비로소 그 일은 진정 내 것이 되었다. 요컨대 일과 내가 하나가 된 셈이다. 직종 혹은 맡은 업무에 따라 그러한 동일화가 쉽지 않은 경우도 있을 것이다. 하지만 어떤 일이든 자기가 수행한 바에 대한 결과물은 존재하게 마련이다. 다만 그것을 능동적으로 발견하고자 하는 사람이 있는 반면에 그렇지 않은 사람이 있을 뿐이다.

이왕에 밥벌이를 위해 일을 해야 한다면 스스로 그 안에서 나름의 의미를 찾고 뚜렷한 목표를 세우자. 이것이 바로 힘겹고 지루한 직장의 일과 속에서도 공허감을 면하고 계속해서 나아갈 수 있는 길이다.

프로페셔널로
향하는 길

'프로 직장인'이라는 말이 있다. 요컨대 회사에서 맡은 바 업무에 있어 전문적 수준에 이른 사람들을 일컫는 말일 것이다. 지금껏 경험해 본바 그러한 경지는 수동적으로 주어지는 경험만으론 어렵다. 적극적인 배움이 있어야 한다. 그래서인지 일반 직장인들을 대상으로 하는 MBA 과정이나 야간 대학원이 속속 생겨나고 있기도 하다.

하지만 나는 그런 프로그램이 소기의 목표를 달성하는 데 제 역할을 할 수 있을지에 대해 회의적이다. 내 지인 중에도 직장에 다니며 MBA 과정을 밟고 있는 사람이 있는데, 바쁜 와중에 그렇게까지 하는 이유를 물었더니 뜻밖에도 '인맥 형성'이라고 말했다. 실제로 학위나 자격증을 취득한 사람들 가운데 정작 해당 분야에 대해 잘 모르는 경우가 부지기수다.

그러한 배움이 잘못되었다는 이야기를 하자는 것은 결코 아니다. 개중에는 그 배움을 발판 삼아 고도의 전문성을 갖추게 된 사람도 있을 것이다. 다만 기성 교육 과정을 수동적으로 따르기보다는 자기가 전문성을 갖추고자 하는 분야를 스스로 찾아 그에 맞추어 보다 적극적인 방식으로 필요한 자질을 갖춰나가는 편이 더 나을 것이라고 생각할 따름이다.

나는 해외영업 일을 하는 과정을 통해 전문가로서 발전해나갈 수 있는 분야가 무엇일지 오랜 기간 고민했고 그 결과 네 가지로 정리되었다.

첫 번째, 외국어 커뮤니케이션 전문가. 해외영업을 시작하는 사람이라면 이미 적어도 하나 이상의 외국어 능력을 가지고 있을 것이다. 하지만 말만 할 줄 안다고 해서 질 높은 커뮤니케이션이 보장되지는 않는다. 중요한 것은 그 말에 담긴 콘텐츠다. 비즈니스 레터를 쓰는 법 등에 대해 별도로 공부하는 것도 좋고, 해외 거래처들과의 관계에서 이루어지는 경험을 바탕으로 나름의 매뉴얼을 만들 수도 있을 것이다. 외국어 커뮤니케이션에 있어 전문적인 수준에 이르기 위해서는 그러한 능동적인 학습이 반드시 필요하다. 덧붙여 제2외국어 능력을 갖추길 권한다. 최근 영어 이외의 외국어를 하나쯤 더 배워둔 사람이 점차 늘어나고 있다. 그렇지 못한 경우 자연스레 경쟁에서 뒤질 수밖에 없다. 특히 국내에 구사하는 사람이 드문 언어를 익히고 더 나아가 해당 지역 전반에 대한 소양까지 갖춘다면 독보적인 인재로 인정받을 수 있는 기회를 가질 수 있을 것이다.

두 번째, 마케팅 전문가. 이를 위해서는 정규 교육 과정을 통한 학위 이수가 가장 좋은 길이다. 회사의 협조가 필요하기 때문에 쉽지는 않겠지만 향후 더 나은 성과를 만들어내기 위한 것임을 이해시켜야 한다. 이 때문이라도 중요한 것은 그 공부가 단지 경력 관리 차원에 그쳐서는 안 된다는 점이다. 진짜 마케팅 능력 습득에 대한 필요성과 관심을 느껴서 하는 공부여야 한다. 사실 그런 경우 굳이 정규 교육 과정을 밟지 않아도 실무 경험과 관련 서적을 통해 발전을 이룰 수 있다. 많은 마케팅 서적을 읽어 본바 얻은 깨달음은 마케팅에 정답은 없다는 것이다. 마케팅은 경제학이나 경영학과는 또 다른, 학위로 전문가와 비전문가를 가를 수 없는 실전적인 분야다.

세 번째, 지역 전문가. 외국어는 단지 의사소통 수단에 그치는 것이 아니라 해당 국가의 사회, 문화, 예술, 정치를 아울러 연결 고리의 역할을 한다. 즉, 외국어를 구사한다는 것은 이미 그 언어를 기반으로 하는 지역에 대한 전문가가 될 수 있는 기본적 소양을 가진 것이다. 하지만 지역 전문가라고 하는 의미는 스펙트럼이 너무 광범위하다. 해당 외국어를 처음 배워 보고자 마음먹게 된 계기를 돌이켜 일단 그 분야에 대한 전문성을 높이려는 노력이 필요하다. 이를테면 일본 만화가 좋아서 일본어를 배우기 시작했다면 만화에 대해서만큼은 어디 가서도 꿀리지 않을 만한 지식과 경험을 쌓는 것이다. 이로써 공부에 대한 동기 부여를 받을 수 있고 그 과정 속에서 자연스레 다른 분야들에 대한 지식도 얻게 마련이다.

네 번째, 협상 전문가. 해외영업을 하다 보면 협상 능력의 중요성을 절감하게 된다. 내국인들 간의 협상도 쉽지 않은데 하물며 해외 거래처와의 협상은 두말 할 필요가 없다. 협상 한 번으로 짧게는 일 년, 길게는 이삼 년간 공들인 비즈니스의 성패가 결정되기도 한다. 해외 거래처와의 사이에서 이루어지는 비즈니스는 대개 규모가 크고 그만큼 중요하다. 국제 협상가로서의 자질과 경험을 쌓는 데 이만큼 좋은 조건도 없을 것이다. 협상과 관련된 책이나 교육 과정은 많이 있지만 국제 협상에 특화된 내용을 다루고 있는 것은 그리 많지 않다. 이 분야에 흥미가 있고 공부해 볼 의지가 있다면 해외영업은 아주 좋은 기회다.

이외에도 해외영업 직무를 통해 발견할 수 있는 전문 분야는 많다. 생산, 영업, 물류, 유통, 무역 등 흥미를 갖고 도전해 볼 만한 분야는 무수하다. 중요한 것은 어떤 분야를 택하든 반드시 인생 전반에 걸친 로드맵에 기초해야 한다는 점이다. 미래의 자화상을 미리 마음속에 그려놓지 않으면 당장 하는 일 자체가 모호해질 수밖에 없다. 이르고자 하는 구체적인 목적지가 있어야 그에 합당한 경로를 설정할 수 있다. 당장 눈앞에 놓인 가치만 보고 내리는 선택에는 결국 허망한 결과가 따르게 마련이다.

해외 출장에 관한 진실

감동은 대상을 아름답게 보기 위해, 이해하기 힘든 대상 이해에 새로운 길을 뚫는 의식의 작용이다. — 김현(문학 평론가)

해외영업 일을 한다고 하면 외국 출장이 잦겠다며 부러운 듯 말하는 사람이 많다. 아마도 드라마나 영화에서 본 이미지를 떠올리기 때문일 것이다. 미국이나 유럽을 배경으로 최고급 레스토랑에서 비즈니스 파트너와 함께 환담을 나누고, 으리으리한 회의실에서 멋지게 프레젠테이션을 하고, 일이 끝난 후에는 홀로 이국적 정취를 만끽하며 여유를 즐기는 그런 모습들 말이다.

하지만 정말 그렇게 출장 기간을 보내는 사람이 있는지는 모르겠으나 내가 겪고 있는 현실은 이와는 상당히 거리가 멀다. 무엇보다 살인적인 스케줄이 가장 큰 문제다. 애초에 목표한 업무가 차질 없이 수행될 수 있도록 사전에 스케줄이 빡빡하게 정해지는 데다 또 막상 현지에서 일을 진행하다 보면 가외의 부수적인 일들이 생기게 마련이다. 장시간의 비행으로 가뜩이나 피로해진 상태로 그렇게 일을 하다 보면 한국에서 일할 때보다 체력 소모가 두세 배는 더 심하다. 시차가 큰 국가인 경우에는 더 말할 것도 없다.

먹는 것도 그렇다. 처음 맛보는 이국의 음식을 경험하는 즐거움도 하루 이틀이다. 출장 기간 내내 그렇게 먹다 보면 보글보글 끓는 김치찌개와 된장찌개가 그립다 못해 식욕 자체가 사그라지곤 한다.

또 내 출장처는 대개 사철 내내 기온이 높은 동남아시아 국가들인데 그럴 듯한 프레젠테이션 장비는커녕 냉방 시설조차 제대로 되어 있지 않은 경우가 많다. 그런 조건에서 목청을 높여가며 논쟁을 벌이거나 할 때면 완전히 녹다운 상태가 된다.

그렇게 일을 마치고 나면 숙소에 들어가 맘 편히 쉬고 싶은 마음이 간절하지만 이마저도 생각처럼 되지 않는다. 바이어들은 어지간해서는 내가 혼자 있도록 내버려두지 않는다. 멀리에서 온 손님에 대한 배려로 관광을 시켜주겠다며 여기저기 데리고 다니기도 하고 성의가 지나쳐 밤새 술을 권하기도 한다. 하지만 그 술자리 또한 업무의 연장이므로 긴장을 늦출 수는 없다. 공식적인 일 진행이 제아무리 잘 되었다 해도 사소한 실수를 빌미로 수포가 되어버릴 수도 있기 때문이다. 또 그런 사적인 자리야말로 상대방의 속내를 알 수 있는 절호의 기회이기도 하다. 내가 아는 선배 하나는 주량이 소주 반병이 채 안 되는데 바이어와의 술자리가 있을 때면 몇 번이나 억지로 속을 비워내면서까지 권하는 술을 다 받아 마시곤 했다. 그만큼이나 업무적으로 중요하기 때문이다.

이렇듯 강한 체력과 흔들림 없는 정신력이 요구되는 해외 출장은 결코 생각만큼 멋지거나 화려하지 않다. 하지만 그럼에도 나는 해외영업이 지닌 큰 매력 가운데 하나가 바로 출장 업무라고 생각한다. 반복적이고 단조로운 일과에서 벗어나 신선한 경험을 할 수 있기 때문이다. 이는 분명 다른 일반적인 직장생활에서는 맛보기 어려운 큰 혜택이다.

머나먼 이국땅에서 모종의 임무를 띠고 종횡무진하며 사람들을 만나고, 토론하고, 때로는 다투면서 계약을 성사시키는 과정에서 느껴지는 보람과 성취감은 남다르다. 또 현지 바이어와 친구가 되어 서로 다른 삶에 대해 술잔을 기울이며 이야기를 나누기도 한다. 이러한 경험들을 통해 단순 해외여행에서는 취하기 어려운 현지에 대한 보다 깊은 이해와 체험을 가질 수 있다.

이제껏 내가 살아온 환경과 문화와는 전혀 다른 세상과 사람들이 있다는 사실을 깨달을 때 느껴지는 감동은 무척 크다. 일개 국가의 국민인 동시에 이 지구에 사는 세계시민임을 자각하게 되는 것이다. 이로써 한결 열린 마음으로 폭넓게 사고하고 스스로의 삶에 대해 객관적으로 바라볼 수 있게 된다.

빡빡한 스케줄에 따라 강행군을 해야 하고 집을 떠나 불편한 생활을 감수해야 하는 해외 출장 업무는 고되고 지겨울 수도 있다. 하지만 마음먹기에 따라서는 무궁무진한 감동이 기다리는 신선한 경험이자 일상으로부터 벗어나 낯선 곳에서 새로운 것들을 마음껏 누릴 수 있는 기회이기도 하다.

모터사이클 다이어리
in 인도네시아

남미 대륙에서의 방황은 내가 생각했던 것 이상으로 나를 변하게 했고 나는 더 이상
내가 아니다. 적어도 나는 더 이상 이전의 내가 아니다.
— 「모터사이클 다이어리」, 에르네스토 체 게바라

내가 『모터사이클 다이어리』라는 영화를 본 것은 2004년의 일이다. 이 영화는 에르네스토 체 게바라가 혁명가가 되기 이전에 자신의 친구와 함께 '포데로사'라고 이름 붙인 낡은 오토바이 한 대에 의지한 채 남미 대륙을 여행했던 시절의 이야기를 다루고 있다. 주인공이 그 유명한 혁명가였다는 사실만 제외하면 청춘 로드 무비라고 해도 좋을 분위기의 영화다.

체 게바라는 분명 그가 살았던 '시대'와 그가 여정 중에 만났던 '사람들'을 통해 혁명가로 변신했다. 하지만 그 변화의 계기를 꼭 집어 말하기는 어렵다. 아마도 그는 그 모든 과정을 거치며 서서히 변화되었을 것이다. 그리고 나 또한 그의 변화에 공명하며 내적으로 미세한 변화를 겪었다. 스크린 속에서 펼쳐지는 남미 대륙의 아름다운 풍경과 그 속에 뿌리내린 여러 사람의 삶이 마치 한 폭의 거대한 풍경화처럼 가슴에 새겨지는 것을 느꼈다. 이는 그 모습들이 너무도 생경했기 때문일지도 모르지만 어찌 되었든 이 영화를 본 것은 지금도 내 기억 속에 가장 근사한 여행으로 남아 있다. 이 영화의 여정을 따라 나는 젊은 시절의 여행이 우리에게 허락하는 가장 놀라운 사치를 누렸다. 나와 우리, 인생과 세계에 대한 본질적이고도 근원적인 질문을 할 수 있는 여유를 말이다. 그리고 나는 생각했다, 혁명가 시절의 체 게바라보다 남미 대륙 여행을 마치고 돌아온 청년 에르네스토 게바라(체 게바라가 아직 '체'라는 이름을 얻기 전의 이름)가 오히려 그의 본질에 더 가까웠을지도 모른다고.

지난날을 죽 돌이켜보면 나 역시 그동안 겪은 해외 출장 경험들이 어우러져 조금씩 변화해왔다. 나의 변화는 결코 체 게바라의 이야기처럼 거창하지는 아니다. 다만 매너리즘에 빠져 밥벌이나 하며 살아가는 직장인이 될 뻔하다 다행스럽게도 그런 삶이야말로 의미 없고 지루하다는 것을 깨닫고 직업과 나 사이를 다소나

마 화해시켰을 뿐이다.

최근에 나는 인도네시아에 출장을 가서 현장을 확인하기 위해 현지 영업사원과 함께 오토바이를 타고 자카르타 시내를 누비고 다닌 적이 있다. 바이어는 오토바이를 타고 나서는 우리를 보며 40년 넘게 비즈니스를 해왔지만 직접 오토바이를 타고 현장을 보겠다고 한 사람들은 처음이라며 놀라움을 감추지 못했다. 인도네시아에서 외국인이 오토바이를 타고 돌아다니는 것은 무척 위험하기 때문이다. 심각한 수준의 매연을 뒤집어써야 할 뿐만 아니라 도로 사정이 복잡해서 사고라도 나면 돌이키지 못할 상황에 직면하게 될 수도 있다. 그럼에도 내가 오토바이를 타고 나선 것은 그동안 이미 많은 오리온 사람이 그 모든 위험과 고생을 무릅쓰고 해외시장을 개척해왔기 때문이다. 그때 나와 함께 인도네시아 시장조사를 했던 영업사원은 벌써 십 년 가까이 그 험한 조건에서도 불평불만 없이 묵묵히 해외시장 개발의 초석이 되어온 사람이었다. 그 앞에서 나 혼자만 위험을 회피할 수는 없었다.

오토바이를 타고 거리에 나오니 안락한 차에 앉아 시장조사를 하러 다닐 때와는 완전히 느낌이 달랐다. 그곳은 말 그대로 역동적인 삶의 현장이었다. 생기 잃은 눈으로 길가에 앉아 있는 사람들, 사고가 났는지 서로의 멱살을 잡고 주먹다짐하는 사람들, 이를 재미나다는 듯이 구경하는 사람들이 생생히 스쳐지나갔다. 나는 그 풍경들 속에서 왠지 모르게 이제껏 내 삶 속에서 겪었던 것과 같은 먹먹함을 느꼈다. 그리고 삶의 힘겨움은 가난할수록 더욱 강렬하고 뛰어넘기 어려운 벽이게 마련이다.

오토바이를 타고 자카르타 거리를 누비며 나는 점점 더 생각에 사로잡혔다. 이곳이 단지 내가 개발해야만 할 해외시장이라기보다 이 지구상에 함께 살아가고 있는 또 다른 사람들의 터전으로 느껴졌다. '내가 이 사람들을 사랑하게 될 수 있을까?' 나는 그런 질문을 스스로에게 던졌다. 진심으로 그들을 사랑하게 되면 나는 아마도 좀 더 내 일을 잘해낼 수 있을 것 같았다.

나는 현장을 돌며 현지 수입상 영업사원이 일을 진행하는 과정을 유심히 살폈다. 하지만 이제는 그저 평가자의 관점으로만 그를 바라볼 수는 없었다. 그게 내가 해야 할 일이기는 했지만 한편으로는 그가 실제로 얼마나 고단한 일상을 보내고 있는지에 대해서까지 생각하게 되었다. 아마도 현장을 제대로 이해한다는 것은 바로 그런 의미일 것이다.

단지 물건을 내다 팔고 돈을 벌면 그만이 아니다. 그보다 본질적인 부분에 접근해야 한다. 내가 물건을 팔고 있는 그 나라, 그 사회, 그곳 사람들에 대해 한층 더 따뜻하고 열린 가슴으로 다가

서야 한다. 상품을 넘어 눈에 보이지 않는 정신적 가치를 전달해야 한다. 나는 앞으로 이러한 생각을 구체화해나갈 테고 이는 내가 가고자 하는 목적지의 진정한 출발점이 되어줄 것이다. 그리고 이로부터 나는 이제 막 생성되기 시작한 내 꿈의 단초를 풀어나갈 것이다.

나는 내 운명의 주인,
내 영혼의 선장

우리에게 어떤 운명적인 과제가 있다면 그것은 애초에 품었던 우리들 꿈의 방정식을
각자의 공식대로 풀어가는 것일 터이니. – 「雨中의 나이」, 기형도

지금도 가끔씩 내가 어쩌다 여기까지 오게 된 것인지 곰
곰이 생각하곤 한다. 특히 이 글을 쓰는 동안 나는 과거를 하나둘
돌이켜보면서 내가 단지 우연의 손에 이끌린 것은 아님을 깨달았
다. 시행착오, 삶과 직업의 화해, 향후 나아가고자 하는 인생의 좌
표를 모두 포함해서 말이다. 내가 유달리 방향을 잃고 이리저리
비틀거리며 걸어온 이유는 무의식 속에 잠자고 있던 여러 열망과
욕망들을 제대로 갈무리하지 못했기 때문이었다. 그리고 그 반성
의 끝에서 나는 내가 처음으로 인생에 대해 뜨거운 열망을 품게

되었던 때를 떠올렸다.

1999년 가을, 나는 중국 대륙 한복판을 정처 없이 걷고 있었다. 어학연수를 떠났던 나는 귀국이 머지않은 시점에서 더 늦기 전에 중국 대륙을 돌아보기로 결심하고 길을 떠났던 참이었다. 그때 내가 걷고 있던 곳은 칭다오(靑島)의 한 거리였던 것으로 기억한다. 특별한 목적지 없이 거리 풍경을 즐기려고 나섰던 터라 그저 걷고 또 걸었다. 칭다오는 과거 독일의 조차지였기 때문에 서구적인 풍경을 즐길 수 있는 도시다.

지금도 그런 풍경이 일상적인지는 알 수 없지만 당시에는 비닐봉지에 맥주를 담아 스트로를 꽂고 홀짝이며 거리를 다니는 사람들을 쉽게 볼 수 있었다. 독일의 영향 때문인지 칭다오 사람들에게 맥주는 거의 음료수나 다름없어 보였다. 길거리 곳곳의 광장에서는 할머니, 할아버지들이 쌍쌍이 모여 음악을 틀어놓고 춤을 추는 모습도 많이 눈에 띄었다. 반듯한 모습으로 질서정연하고 절도 있는 동작을 선보이는 그들의 모습에 나는 내심 부러움을 느꼈다. 그에 비하면 한국 노인들의 삶은 너무나 갑갑하고 틀에 박혀 있다고 여겼기 때문이다. 혹여 그것이 유교 문화의 잔재라고 한다면 이는 정말 아이러니한 일이 아닐 수 없다. 중국이야말로 유교의 본산지가 아니던가?

이런저런 생각을 하며 길을 걷다가 우연히 들어선 지하도에서 나는 갑자기 무언가에 홀린 듯 걸음을 멈추었다. 너무나 아름다운 얼후(二胡, 중국 전통 악기)의 선율이 내 귀를 잡아끌었던 것이다. 활처럼 생긴 이 악기는 중국판 바이올린이라고 할 만하지만 바이올린과는 또 다른, 가냘프고 구슬프면서도 아름답고 서정적인 음색을 지녔다.

나는 그 소리가 이끄는 대로 발걸음을 옮겨 긴 계단을 올랐다. 계단의 중간쯤에 이르러 마침내 얼후를 연주하는 한 할아버지를 발견했다. 나는 할아버지 앞에 놓인 통에 지폐를 한 장 넣고 가만히 앉아 그의 환상적인 연주를 감상했다. 아련한 느낌이 가슴 깊이 내려앉았다. 연주가 끝나자 할아버지는 지긋이 미소를 짓더니 '한번 연주해 볼 테냐?'라고 물으며 악기를 건넸다. 나는 깜짝 놀라 손사래를 치고는 지폐 한 장을 다시 건네며 한 곡을 더 청했다. 할아버지는 흔쾌히 다시 연주를 시작했다. 나는 그 계단에서 한참 동안 그의 연주에 귀를 기울였다.

지금도 출장을 떠나 머나먼 이국의 낯선 거리를 걸을 때면 이때의 추억이 떠오르곤 한다. 낯선 풍경이 주는 이질감과 가벼운 흥분, 가슴 깊은 곳을 조용히 울리는 정체 모를 고독감이 가슴속에서 비어져 나와 오랜 기억을 더듬어 칭다오 지하도 계단에서 마주쳤던 얼후 가락을 회상케 하는 것이다. 그리고 이와 더불어 그 때 중국 대륙을 여행하면서 품게 되었던 미래에 대한 열망과 부푼 희망까지 되살린다.

당시 중국은 변화의 불길로 활활 타오르고 있었다. 전국 어디를 가도 온통 공사장 같은 분위기였고 그만큼 사람들도 분주했다. 나는 당시 베이징-텐진-지난-칭다오-상하이-구이린을 둘러본 후 다시 베이징으로 향하는 여정을 거쳤다. 중국은 정말 넓고 그만큼이나 다양한 정경이 펼쳐졌으며 사람들 분위기도 제각각이었다. 도저히 한 국가라고 생각하기 어려울 정도였다. 지역마다 서로 완전히 다른 그들만의 방언을 사용하는 것은 물론이고 생활양식도 많이 달랐다. 하지만 그들 모두가 중국이라는 이름 아래 어울려 살아가며 '경제 발전'이라는 구호에 몰입하고 있었다.

그때 내게 전해진 열기와 에너지는 가히 놀라운 것이었다. 스물다섯 살 젊은이에게 중국은 커다란 꿈과 이상을 가지게 하는 데 부족함이 없었다. 지난에서 취푸로 이동하는 중에 그 유명한 태산에 올랐는데 정상에서 일출을 고대하며 나는 스스로에게 약속했다, 후회 없는 멋진 인생을 살아 보겠노라고. 끝없이 펼쳐진 구름 바다를 바라보며 나는 온 세상을 내 안에 품고 싶었다. 세계를 무대로 내 인생을 펼쳐 보고 싶었다. 한국에 돌아온 후에도 한동안 그때를 생각하면 열병에라도 걸린 것처럼 끙끙 앓곤 했다.

그러나 나는 그때 품었던 열망을 구체화시키지 못한 채 너무나 쉽게 잊고 말았다. 시류에 휩쓸리고 먹고사는 일에 치중했다. 내면의 목소리보다는 세상 사람들의 이야기에 더 귀를 쫑긋 세우고 타인의 시선을 두려워하며 살았다. 그러다 보니 삶과 꿈은 늘 평행선을 그리며 서로 만나지 못했다. 그리고 서른을 훌쩍 넘긴 나이에 이르러서야 다시금 내면이 표출하는 목소리에 귀 기울이기 시작했다. 잃어버렸던 인생의 의미도 새롭게 찾고자 했다. 그러자 많은 것이 달라졌다.

내가 설정한 목표를 이루고, 진정한 인생의 의미를 찾고, 삶과 직업을 화해시키는 작업을 얼마나 성공적으로 달성할 수 있을지는 미지수다. 현실은 그리 호락호락하지 않기 때문이다. 혼자 힘으로는 도저히 어찌할 수 없는 우연과 불가항력이 존재한다. 하지만 나는 어떠한 상황에 맞닥뜨리더라도 끝끝내 꿈을 잃지 않고 이루어나갈 수 있는 방법이 있음을 깨달았다. 그것은 아주 단순하다. 스스로가 내 운명의 지배자이자 내 영혼의 선장이라는 사실을 선언하고 견지하는 것, 바로 그것이다.

얼마 전 출장에서 복귀하던 중에 비행기에서 넬슨 만델라를 다룬 『인빅터스』라는 영화를 우연히 보게 되었다. 생소한 제목이었지만 내가 좋아하는 배우들이 주연했기에 별다른 기대 없이 본 것이었는데 예상 밖에 영화는 무척 감동적이었다. 그 감동은 소재나 스토리보다는 넬슨 만델라라는 인물 자체로부터 뿜어져 나오는 것이었다. 그는 인종차별의 상징인 아파르트헤이트의 나라 남아공에서 인권 운동을 주도했다는 이유로 종신형을 선고받고 27년을 감옥에서 복역한 후에 남아공 최초로 흑인 대통령에까지 이른 사람이다. 그런데 놀라운 것은 자신을 감옥살이시킨 남아공 백인들까지 포용하면서 인종에 관계없이 하나 된 남아공을 만들기 위해 노력했다는 사실이다. 영화를 보면서 과연 이게 정말 사실인지 의심할 수밖에 없었을 정도로 넬슨 만델라라는 사람은 너무나 커 보였다. 영화적 재미를 위해 첨삭된 부분이 있기는 하겠지만 스토리의 뼈대가 되었을 내용만으로도 충분히 감동적이다.

그 모든 것이 어떻게 가능했을지 평범한 나로서는 상상하기조차 힘들었다. 하지만 나는 영화의 마지막 장면에서 넬슨 만델라가 조용히 읊조린 한 시 구절에서 작은 단서를 찾아냈다. 이를 듣는 순간 나는 마치 누군가 죽비로 내 뒷덜미를 후려치는 것 같은 강렬한 충격을 받았다.

나는 내 운명의 지배자요,

내 영혼의 선장인 것을.

이는 영화의 제목이기도 한, 라틴어로 '굴하지 않는다'는 의미의 '인빅터스(Invictus)'라는 제목의 시 구절이다. 그리고 나는 새삼 깨달았다, 아무리 힘겹고 고통스러운 상황에 직면한다 해도 내가 내 운명의 지배자이자 내 영혼의 선장인 것을 잊지 않는다면 나는 여전히 스스로 내 삶과 내 운명을 만들어갈 수 있다는 사실을, 혹여 잘못된 선택을 했을지라도 나는 여전히 그 선택을 최선의 것으로 만들 수 있다는 것을.

인빅터스 - 윌리엄 어네스트 헨리

온 세상이 지옥처럼 캄캄하게

나를 엄습하는 밤에

나는 그 어떤 신이든 신에게 감사한다,

내게 굴하지 않는 영혼을 주셨음을.

생활의 그악스러운 손아귀에서도

난 신음하거나 소리 내어 울지 않았다.

우연의 몽둥이에 두들겨 맞아

머리에서 피가 흘러도 고개 숙이지 않는다.

천국의 문이 아무리 좁아도

저승의 명부가 형벌로 가득 차 있다 해도

나는 내 운명의 지배자요,

내 영혼의 선장인 것을.

밥벌이의 새로운 국면, 아이의 탄생

내 이십대 때 가장 힘들고 괴로웠던 시절, 내 마음을 뒤흔든 시인 가운데 한 사람이 바로 최승자 시인이다. 그녀의 시 「내 청춘의 영원한」을 처음 읽었을 때 나는 흡사 시인이 내 마음 깊은 곳을 훔쳐본 듯한 느낌이 들어 모골이 송연했다. 그녀가 노래한 것처럼 나의 이십대는, 아니 무려 삼십대 초반까지도 늘 이것이 아닌 다른 것을 갖고 싶어 했고, 여기가 아닌 다른 곳으로 가고 싶어 했다. 현실과 싸워 이겨내려 하기보다 주어진 현실이 무섭고 괴로워 도망치고 싶기만 했다. 현재보다는 머나먼 과거가 그리웠고, 그래서 늘 고독하고 외로웠다.

그와 같은 '도피의 계절'이 이제 완전히 끝났다고 생각하게 된 계기는 뜻밖에도 한 생명의 탄생을 지켜보는 순간으로부터 비롯되었다. 그 생명은 이 세상에서 가장 나와 직접적으로 연결되어 있는 존재, 바로 나의 첫 딸아이였다. 그 생명의 일차 원인을 제공하였으므로 그에 대한 무한한 책임 역시 내게 주어졌다는 생각이 들었다. 그래서였을까, 아내가 임신했다는 사실을 알게 되었을 때 무척이나 놀랍고 기쁜 마음에 환호성을 질렀지만 마음 한구석 깊은 곳에는 그와 같은 무거운 책임감이 주어지는 데 대한 막연한 두려움도 없지 않았다. 불과 얼마 전까지도 도피하는 삶을 살았던 내가, 이제야 가까스로 스스로를 추스를 수 있게 됐다고 생각하게 된 내가 갑작스레 그처럼 무겁고 강력한 책임감을 받아 안을 수 있을지 백 퍼센트 자신이 없었던 것이다.

그러나 분만실에서 너무나 힘겹고 고통스러운 과정을 거쳐 마침내 이 세상에 모습을 드러낸 아이의 모습을 마주한 순간, 가슴 속에 자리해 있던 그 모든 복잡한 상념이 순식간에 날아가버리는 것을 느꼈다. 아이의 탄생은 내가 이제껏 경험하고 고민해온 문제들과는 완전히 차원이 다른 사건이었다. 그토록 소중하고 아름다운 생명이 이 세상에 모습을 드러내자 내가 이 생명을 지키기 위해 무엇인들 하지 못하겠냐는 생각이 절로 들기 시작한 것이다. 내 삶을 통틀어 그와 같이 굳고 강렬한 마음속 울림을 경험한 것은 처음이었다.

그렇게 태어난 내 딸은 나와 나의 아내가 아니면 그 무엇으로도 스스로의 생명을 유지하고 보존할 수 없는 너무나 나약하고 작은 존재였다. 그런 아이가 내 품에 안겨 온몸의 무게를 내게 의지하며 육박해 올 때면 나는 가슴 깊은 곳이 묵직해지는 느낌을 받곤 했다. 아이에 대한 나의 태도는 더 이상 책임감의 문제도, 할 수 있느냐 없느냐의 문제도 아니었다. 나는 무조건 이 아이를 사랑할 수밖에 없으며, 또 내 모든 것을 걸고 지켜주어야 한다는 사실을 부정할 수 없었다.

그러면서 나는 마침내 깨달았다, 내 밥벌이에도 그리고 내 인생의 꿈에도 새로운 국면이 열렸다는 것을. 밥벌이의 진정한 절실함에 대해서도 새롭게 생각하게 되었다. 그 안에 꿈을 심어야겠다는 생각에 대해서도 과거와는 다른 새로운 관점이 보태졌다.

내가 아이에 대한 책임감 따위를 떠올리며 두려워했던 배경에는 아마도 밥벌이에 대한 두려움이 깔려 있었던 것이라 생각한다. 지금까지도 힘겨웠던 밥벌이를 과연 이 아이가 다 자라 자신의 앞가림을 할 수 있을 때까지 무사히 해낼 수 있을지에 대한 걱정과 근심 말이다. 그러나 그와 같은 걱정이 얼마나 바보 같고 어리석은 것이었는지를 아이가 태어나고서야 알게 되었다. 사실 그런 걱정은 정말 할 필요가 없었다. 그건 할 수 있고 없고의 문제가 아니라 무조건, 어떤 수를 써서라도 해야 하는 일이기 때문이다.

하지만 그렇다고 해서 단지 경제적 책임만 지는 아버지가 되고 싶지는 않았다. 아이에게 필요한 것은 그 이상의, 어떤 '정신적인 것'임에 분명했다. 그리고 그것은 바로 내가 살아온 인생의 의미와 가치 같은 것일 거라고 생각했다. 내가 나의 인생을 통틀어 추구한 것들이야말로 아이가 성장했을 때 전해줄 수 있는 가장 소중한 유산이 아니겠는가. 그 정신적 유산이 아이가 스스로 키워온 가치와 꿈과 만나 더욱 아름답고 의미 있는 것으로 성장해나갈 수 있다면 아마도 그것이 내가 아이를 위해 할 수 있는 가장 커다란 일이 될 것이라고 생각했다. 내가 단지 밥벌이만으로 만족해서는 안 되는, 나의 일에 꿈과 이상을 심고 실현해나가야 하는 이유가 이로써 업그레이드된 것이다.

나는 이렇게 내가 갖지 못한 것들에 대한 허황된 욕심과, 지금 내가 서 있는 곳이 아닌 새로운 세상에 대한 헛된 열망을 완전히 버리기로 결심했다. 아마도 그건 내 청춘과 이별하는 순간이었을지 모른다. 하지만 이는 무작정 도피하려고만 했던 청춘과의 결별이었을 뿐이다. 나는 이제 내 안에서 '도전하는' 청춘을 끌어내려고 한다. 아직 한 번도 제대로 사용해 보지 않은, 그러나 여전히 살아 있다고 믿고 싶은 나의 진짜 청춘 말이다.

4장

세계를 무대로 일하며
배운 삶의 지혜

일의 보람은 공짜로
생기지 않는다

사람은 자신이 보고 싶어 하는 것만을 본다
– 율리우스 카이사르

사람은 자기가 좋아하는 일을 해야 비로소 그 결과물에 대해 보람을 느낀다. 비록 다소 마음에 차지 않고 사소할지라도 좋아서 한 일로 얻은 성과라면 만족을 얻는 것이 사람이다. 이는 직업에 있어서도 마찬가지다. 자신이 하고 싶어서라기보다 어쩌다 우연히 선택한 직업이라면 그 일을 통해 제아무리 알찬 결과를 냈다고 한들 보람된 일로 여겨지지는 않을 것이다.

결국 자신의 직업을 바라보는 관점이 바뀌지 않는 이상 보람을 논할 수 없다. '내가 하는 일의 보람은 무엇일까?'라고 묻기 전에

'내가 정말 이 일을 하길 원하나?'라고 먼저 묻고 그 답을 찾아야한다. 이에 대해 긍정적인 답을 얻는 사람이라면 더 이상의 질문은 필요 없을 것이다. 어떤 형태로든 이미 보람을 찾아냈거나 느끼고 있을 것이기 때문이다.

나는 내가 진정 원해서 해외영업 일을 시작한 것은 아니다. 그렇기 때문에 직장생활을 해오는 동안 많은 부침이 있었다. 그 힘겨운 과정 속에서 나는 내 직업에 대해 각별히 고민하지 않을 수없었다. 사람은 벽에 부딪히고 깨져 봐야 자기에게 절실한 것이무엇인지 깨닫고 성숙해지는 모양이다. 나는 군대 시절 귀에 못이박히도록 들었던 '피할 수 없다면 즐겨라'라는 말의 진정한 의미를 인생의 굴곡 속에서 절감했다. 그리고 이제는 돌이킬 수 없는나의 선택, 내 직업 해외영업을 별수 없으니 하는 밥벌이가 아니라 내 인생에서 가장 빛나는 선택으로 만들기 위해 노력해야 한다는 것을 깨달았다. 보람은 저절로 주어지는 것이 아니라 스스로찾고 만들어가는 것이다. 세상에 공짜는 없다.

과거에 한 선배가 내게 이런 이야기를 한 적이 있다.

"해외영업을 오래 해오면서 선진국들과 거래를 하다 보니 여러가지를 많이 느끼게 되더라. 선진국에 사는 녀석들은 도무지 일에 진지하지가 않아. 우리처럼 밤늦게까지 야근도 하지 않을뿐더러 틈날 때마다 장기 휴가도 서슴지 않고 다녀오지. 또 개인적으로 이야기하는 것을 들어 봐도 직장보다는 자기 인생이 우선이더라고. 한심하게 느껴지면서도 한편으로는 부러웠어. 그럴 수 있는 건 개인이 잘나서라기보다 나라가 윤택하고 여유 있는 삶의 조건을 만들어주었기 때문이잖아. 내가 최선을 다해 일해야 하는 이유는 적어도 내 후손들에게만큼은 그 선진국들 못지않은 환경을 물려주고 싶기 때문이야. 우리 앞선 세대들이 그랬듯이 말이야."

일면 타당한 말이기는 했지만 솔직히 공감이 느껴지지는 않았다. 내가 일에서 찾는 보람은 지극히 개인적이고 속물적이라고 해도 무방하기 때문이다. 앞으로 계속 일하다 보면 새로운 의미들이 생기겠지만 아직까지는 거창하고 근사한 명분을 붙이기에는 밥벌이에 가까운 수준이다. 나는 오랜 고민 끝에 내 직업의 의미와 보람을 이렇게 결론 내렸다.

'해외영업은 내게 세계라는 넓은 활동 무대를 약속해주고 있다.'

이질적인 지역에서 나와는 전혀 다른 사람들과 부딪히며 비즈니스를 진행하는 것은 보다 유연하고 넓은 시야를 확보하게 해준다. 나는 돈 주고도 얻기 어려운 무수한 경험을 이 일을 통해 얻고 있다. 그리고 오리온으로 옮겨 소비재 부문에서 일을 하면서 이를 더욱 절실하게 느끼고 있다. 최종 소비자를 대상으로 하는 제품을 취급하기 때문에 그 나라와 그곳에 살아가고 있는 사람들을 깊이 있게 파악하고 그에 걸맞은 전략을 만들어야 하기 때문이다.

그 모든 것은 해당 국가에 대한 관심과 호기심으로부터 시작된다. 그렇기 때문에 해외영업을 하는 사람의 출장은 일반적인 여행과는 완전히 다른 방식으로 이루어진다. 해외여행은 일반적으로 외부의 낯선 세계로부터 신선한 자극을 받아 스스로의 내면세계로 나아가는 과정이다. 하지만 출장에서는 그러한 과정과 더불어 내부의 호기심이 낯선 세계로 이행해가는 과정이 함께 존재하며 그 두 과정이 서로 부딪힌다. 나는 그 충돌의 순간 내면에서 일어나는 화학작용을 즐긴다. 이는 낯선 곳에서 고독한 이방인으로서 모종의 계획을 수립하고 그것을 실행하고 있음을 자각할 때 느끼는 쾌감이다.

이처럼 나는 세계가 내 활동 무대가 되고 있다는 사실에 자부심과 보람을 느낀다. 세계라는 백지 위에 어떤 그림을 그려나갈 것인지에 대한 난해한 문제가 남아 있기는 하지만 말이다.

마음만 고쳐먹어도
힘들고 싫은 일이 없다

나는 주로 동남아시아 지역으로 출장을 많이 간다. 그 런데 그곳에서 뜨는 한국행 비행기들은 대체로 늦은 밤에 출발해 새벽에 도착하는 스케줄로 편성되어 있다. 비행기에서 쉬이 잠을 청하지 못하는 나로서는 당혹스럽지 않을 수 없었다. 지금이야 많이 익숙해졌지만 처음에는 좌석에 앉자마자 코를 골아대는 사람들이 부럽기 그지없었다. 뻑뻑한 눈 밑으로 깊은 다크서클을 드리운 스스로가 한심해 보였다. 내가 과연 해외영업이란 직업에 어울리는 사람인지 의문이 들 정도였다.

그런 나날이 반복되던 어느 날 인도네시아에 출장을 갔다가 돌아오는 비행기에서 있었던 일이다. 인도네시아로부터 한국까지는 여섯 시간 반 정도가 걸린다. 중동이나 미주 지역을 담당하는 사람이 들으면 코웃음 칠지 모르겠지만 어쨌든 이는 내 담당 지역 중에서는 가장 긴 비행시간이다. 사실 아예 길면 차라리 낫다. 뭔가를 집중해서 하기도 애매한 데다 도착한 이후 스케줄을 잡기도 어정쩡하기 때문이다. 특히 10시경에 출발하는 비행기를 탈 경우 밤을 꼬박 새우고 새벽에 인천공항에 도착하면 피곤에 겨워 현기증이 날 정도다.

그날따라 유난히 잠이 오지 않아 신문은 부고란까지 다 읽고 챙겨 간 소설책을 독파한 후에 기내 영화 한 편을 해치웠는데도 도착까지는 아직 한 시간 반 남짓 남아 있었다. 하지만 이제 눈이 아파 더 이상 무언가를 볼 수 없을 지경이었다. 결국 나는 창문 덮개를 올리고 무심코 밖을 내다보았다. 창밖에는 어느새 동이 트기 시작한 구름바다가 펼쳐져 있었다. 마치 거대한 강물처럼 묵직하게 흘러가는 붉은 구름 뒤로 거대한 태양이 아른거렸다. 눈물이 날 만큼 아름답고 고요한 광경이었다. 밤새 비좁은 이코노미 좌석에서 뒤척인 피로가 일순간에 사라지는 것 같았다. 그 광경을 볼 수 있게 해준 내 직업에 감사했다.

어찌 보면 사소할지 모르지만 이 일은 내게 큰 변화의 계기가 되었다. 이후 나는 비행기에서 보내는 시간을 좀 더 가치 있게 만들기 위해 노력했다. 비행시간 중에 잠을 잘 이루지 못하는 것이 오히려 축복일 수도 있겠다는 생각이 들었다. 이전과 다름없이 나는 대개 책을 읽고 영화를 봤지만 그 시간을 견디기 위해 억지로 하는 것이 아니었다. 그 시간을 나를 위해 적극적으로 활용하기 위한 활동이었다. 닥치는 대로 읽고 보는 게 아니라 나름의 계획을 세우게 되었고 이로써 그로부터 얻는 재미와 감동도 커졌다. 오히려 비행기에서 보낼 시간이 기다려질 정도였다.

같은 행위라도 적극적으로 그것을 즐기려고 마음먹으면 쉽게 지루해지지 않을 뿐만 아니라 밀도 높고 의미 있게 변화하게 마련이다. 관점을 바꾸는 것은 이처럼 놀라운 힘을 지니고 있다.

영어, 무조건 잘한다고
능사가 아니다

해외영업이라는 직업은 기본적으로 외국어에 대한 소양을 전제로 한다. 그리고 오늘날 사실상 세계 공용어가 된 영어는 기본이라고 할 수 있다. 하지만 중국어를 전공한 나는 취업 당시에 영어 실력에 그다지 자신이 없었다. 특히 말하기와 듣기가 취약했는데 이는 지금도 마찬가지다.

한때는 그런 스스로가 부끄럽고 한심스럽게 느껴지기도 했다. 그러나 막상 일을 시작하고 보니 지나치게 그럴 필요가 없다는 사실을 깨달았다. 해외영업에서 요구되는 것은 실용적인 언어 구

사 능력이었기 때문이다. 그리 유창하지는 않아도 정확히 커뮤니
케이션이 가능하기만 하면 발음쯤은 문제가 되지 않는다.

실제로 지금도 내 영어는 원어민의 발음과 발성과는 한참 거리
가 멀다. 그러면 어떠랴. 어차피 나는 한국어를 모국어로 하는 한
국 사람이다. 애초부터 원어민 수준의 영어를 구사할 필요는 없
다. 상대방 말의 의미를 간파하고 내가 생각하는 바를 정확하게
전달할 줄만 알아도 충분하다.

나는 사회생활을 시작하고 첫 출근 날 이런 관점을 상징적으로
보여주는 경험을 했다. 사실 첫 출근 날에는 그다지 할 일이 없다.
하루 종일 여기저기 다니며 인사를 하고, 정해진 교육을 받는 것
이 전부다. 나는 그렇게 하루를 마치고 퇴근 시간이 다 되어서야
해외영업 부서로 돌아와 내 자리에 앉았다. 아직 주어진 업무가
없었으므로 그저 멍하니 교육 자료를 책상 위에 펼쳐놓고 주변의
눈치를 살필 뿐이었다. 차분한 분위기 가운데 선배들은 진지한 얼
굴로 엑셀 작업을 하거나 이메일을 쓰고 있었다. 개중에는 유창한
일본어로 전화 통화를 하는 사람도 눈에 띄었다. 신참인 나에게는
누구 하나 대단해 보이지 않는 사람이 없었다.

그런데 갑자기 당시 팀장님이 벌떡 일어나 파티션 위로 모습을
드러내더니 영어로 전화 통화를 하기 시작했다. 해외 바이어와 협

상 건으로 첨예한 대화가 오가는 듯했다. 언성이 점점 더 높아지더니 통화 내용이 내게 들릴 정도가 되었다. 잠자코 그 내용을 듣고 있자니 뭔가 좀 이상했다. 또박또박 한 단어 한 단어 끊어 말하는 게 미국인 초등학생 수준 정도로밖에 들리지 않았던 것이다. 영어권 어학연수조차 다녀온 적 없는 나조차 알아들을 수 있을 만했다. 나는 조금 실망스러웠다. 해외영업팀 팀장 정도면 원어민 뺨치는 실력으로 미국 드라마 주인공처럼 유창하게 대화를 할 줄로 알았기 때문이다. 그 정도는 신참인 나도 얼마든지 해낼 수 있을 것 같았다.

하지만 곧 반전이 일어났다. 팀장님의 전화 통화가 끝나고 얼마 지나지 않아 그 앞자리에 앉아 있던 선배 하나가 통화를 시작했는데, 맙소사! 그는 정말 놀랄 만큼 유창한 영어로 대화를 했다. 방금 전 팀장님의 영어와는 발음도, 말하는 속도도, 사용하는 단어도 천양지차였다. 당연히 나는 그 대화 내용을 이해하기 힘들었다.

그런데 초반에는 대화가 매끄럽게 이루어지는가 싶더니 갈수록 같은 이야기를 반복하며 애를 먹었다. 나는 전화 연결 상태가 좋지 않은 모양이라고 생각했다. 그런데 건너편에서 이를 듣고 있던 팀장님이 자리에서 일어나더니 통화를 하고 있던 선배에게 전화를 자기 쪽으로 돌리라는 수신호를 보냈다. 그 선배는 곤란한 표정으로 고개를 끄덕였다. 또 다시 우렁찬 목소리의 초등학생 영어가 사무실을 울렸다. 별 문제 없이 통화가 이어지는 걸로 봐선 전화 연결 상태가 나빴던 것은 아닌 모양이었다. 그리고 팀장님은 곧 무난하게 대화를 마무리 짓고 전화를 끊었다. 나로서는 그렇게 영어를 잘하는 선배가 쩔쩔매는 상황이 왜 벌어졌는지, 또 팀장님이 어수룩하게 들리는 영어로 그 문제를 어떻게 해결했는지 알 수 없었다.

그러나 얼마 후 부서원들이 모두 모인 술자리에서 나는 그 이유를 이해하게 되었다. 선배들이 말하길 영어를 아무리 잘해도 때때로 바이어들과의 의사소통에서 어려운 상황에 직면하는 경우가 있는데 이는 우리의 문제가 아니라 상대방의 영어가 미숙하기 때문인 경우가 많다는 것이었다. 그럴 경우 그 수준에 맞추어 이야기를 해야 하고 이는 생각보다 쉽지 않은 일인데 팀장님은 이에 탁월한 능력을 갖추고 있다고 했다. 선배 중 하나는 팀장님의 영어를 이렇게 정의 내렸다.

"전 세계 영어 사용자들 가운데 그 누구일지라도 이해하기 쉽게 표현하는 커뮤니케이션 실전 영어."

나는 팀장님의 영어를 폄하했던 스스로가 부끄러웠다. 알고 보니 팀장님은 어학을 전공한 사람이 아니었고, 어학연수를 다녀온 적이 있기는 하지만 사실상 거의 독학으로 영어를 배웠다고 했다. 그래서 발음이 다소 촌스럽기는 해도 실무에서는 발군의 커뮤니케이션 실력을 발휘했다. 군더더기 없이 핵심을 파고들고, 쉽고 명쾌한 어휘를 선택하는 능력은 그렇게 되고자 의식적으로 노력한 사람이 아니면 결코 만들 수 없는 것이었다.

업무상 쓰이는 외국어의 핵심은 정확함이다. 물론 잘하면 잘할수록 좋겠지만 사용 목적에 맞게 가꾸는 것이 중요하다. 밭 가는 쟁기를 번쩍번쩍 광내서 집 안에 전시하려는 사람은 별로 없을 것이다. 이는 쟁기의 입장에서도 스스로의 존재 의미를 빼앗기는 것이다. 마찬가지로 외국어, 특히 영어에 필요 이상의 의미를 부여할 필요는 없다.

나는 원어민만큼 유창하지 않다고 해서 외국인들과 의사소통을 하는 것을 절대 꺼리거나 부끄러워하지 않는다. 문법적으로 조금 틀린들 어떠랴. 상대방을 이해시키고 내가 상대방을 이해하는 것이 중요하다. 그리고 다년간 현장에서 외국인들과 커뮤니케이션을 해온 경험을 통해 확신하건대 이는 대개 아주 작은 노력만으로 해결될 수 있는 문제다.

경쟁력을 업그레이드 하는 제2외국어

철저한 준비는 내가 최상의 실력을 발휘하도록 심리적인 안정감을 준다. 또 당신의 인생을 통째로 바꿔놓는 엄청난 사업적 성공이나 개인적 승리를 안겨준다.
– 브라이언 트레이시

다년간 해외영업 업무를 수행하면서 느끼는 것 중 하나는 제2외국어에 대한 필요성이다. 영어 이외의 외국어를 하나쯤 더 구사할 줄 알면 현장에서 큰 도움이 될 때가 많기 때문이다. 그래서인지 최근에는 모국어를 제외하고 두 개 이상의 외국어 능력을 갖춘 사람이 무척 많아졌다.

중국어를 전공한 나는 해외영업을 시작하면서 중국 관련 비즈니스를 하고 싶었고 그쪽에 비전을 가지고 있었지만 지금은 뜻하지 않게 동남아시아 지역을 담당하고 있다. 그럼에도 중국어는 나를 업무에 많은 도움이 되고 있다.

넓게 보면 중국어는 매우 유용한 언어다. 단지 중국과 동남아시아뿐만이 아니라 전 세계 어디에 가도 중국어는 유효하다. 중국인이 살지 않는 나라는 거의 없다고 봐도 무방할 정도이기 때문이다.

전시회 참가차 독일 쾰른으로 출장을 갔을 때의 일이다. 일과가 끝나고 저녁에 동료들과 간단한 식사를 하기 위해 길을 나섰는데 뜻하지 않게 길을 잃고 헤매게 되었다. 우리나라와 비교하면 독일이 영어 사용자 비중이 더 높긴 하겠지만 그렇다고 영어 의사소통이 그리 원활하지는 않다. 기본적으로 동양인에 대해 불친절하기 때문이다. 이때 매우 유용하게 도움을 준 언어가 바로 중국어였다. 일행 중에 중국에서 근무하는 주재원이 한 사람 있었는데 내가 나설 필요도 없이 그분이 한 중국인 식당에 들어가서 우리에게 필요한 정보들을 얻어온 것이다.

세계 어디를 가나 중국인이 살고 있고 그들과 의사소통이 가능하면 영어만큼이나 큰 도움이 된다. 적어도 그들은 같은 동양인이고 맹자의 측은지심을 이해하기 때문이 아닐까 싶다. 나는 신혼여행차 파리에 갔을 때도 중국인 식당에서 비슷한 도움을 받은 적이 있다. 내가 해외영업을 시작한 이래로 가장 오랜 기간 일해온 동남아시아의 사정도 크게 다르지 않다.

인도네시아의 잠재 바이어를 만나러 갔을 때의 일이다. 당시 나는 이메일을 통해서만 연락을 취해온 그를 만나러 현지에 갔다. 약속한 날이 되어 대략 세 사람 정도가 호텔 로비로 나를 마중 나왔다. 그렇게 다수의 사람과 함께 만날 때는 그중 누가 가장 높은 사람인지 파악해야 한다. 첫 인사를 나누는 자리에서부터 행동이나 말에서 실수를 하지 않아야 하기 때문이다. 이때 주의해야 할 것은 단지 외모로 상대를 판단해서는 안 된다는 점이다. 동남아시아 비즈니스에서는 특히 그렇다. 동남아에서 사업을 하는 사람들은 양복을 갖춰 입거나 넥타이를 매는 경우가 거의 없기 때문이다. 깔끔한 와이셔츠에 양복바지를 갖춰 입는 정도가 전부다. 사장이든 부하직원이든 가릴 것 없이 말이다. 부하직원이 나이 지긋한 사람일 경우엔 더욱 당혹스럽다. 외모만 보고 사장인 줄 알고 인사했다가 낭패를 본 일도 실제로 있었다.

그날도 마찬가지 상황이 발생했다. 세 사람 중 가장 연륜 있어 보이는 사람이 능란한 영어로 인사를 해오는 바람에 하마터면 그 사람을 사장으로 착각할 뻔 했다. 그런데 그의 뒤에서 머뭇거리며 미소를 띠고 있는 사람을 발견한 순간 나는 그가 더 윗사람임을 직감했다. 그나마 그가 잘 차려입고 있었던 게 천만다행이었다.

나는 그에게 다가가 혹시 중국어를 할 줄 아는지 물었다. 그러자 그의 얼굴이 활짝 폈다. 그는 화교였고 영어가 익숙하지 않아 전면에 나서지 못했던 것이었다. 이런 상황에서 내가 중국어로 말을 걸자 그는 반갑지 않을 수 없었고 훨씬 부드럽고 편안한 분위기 속에서 사업 이야기를 나눌 수 있었다.

잘 알려진 바와 같이 동남아시아의 주요 비즈니스는 대체로 화교들이 장악하고 있다. 태국같이 특이한 경우를 제외하면 대부분의 동남아시아 지역 화교들은 만다린(중국에서는 '보통화'라고 부르는 표준어)을 구사할 줄 안다. 일상적인 업무에서는 대체로 영어를 선호하지만 대외적인 커뮤니케이션에서는 상대편이 주도권을 쥘 수 있다는 생각에 영어를 꺼리는 경우가 많으므로 중국어가 아주 유용하다. 또 사석에서 중국어로 이야기를 하면 동포를 만난 것처럼 반가워하기도 하는 등 친밀한 관계 조성에도 긴요하다.

이처럼 영어 이외에 외국어를 하나쯤 더 알아두면 해외영업 직무를 수행하는 데 있어 큰 도움이 된다. 회사 입장에서도 그런 사람을 선호하는 것이 자명하다. 어떤 일이든 철저한 준비는 절대 실망시키는 법이 없다.

하지만 외국어 능력에 지나치게 높은 수준의 잣대를 대지는 말았으면 한다. 적절한 의사소통 능력, 즉 상대방의 말을 이해하고 자신의 생각을 표현할 수 있는 정도면 이미 충분하다. 이는 더 잘 해도 소용이 없다는 이야기가 아니라 기준을 너무 높게 잡으면 자칫 이솝우화에 나오는 신포도 이야기와 같은 상황이 벌어질 수 도 있기 때문이다.

차이와 갈등을
극복하는 가장 빠른 길

사랑받으려면 먼저 사랑하라.
— 오비디우스(고대 로마 시인)

내가 해외영업이라는 직업을 통해 배운 또 하나는 나와 상대방의 차이를 받아들이고 이해하는 방식이다. 한 나라와 문화 속에서 살아온 사람들 간에도 수많은 차이가 존재한다. 전혀 다른 배경의 사람들과는 그 간극이 더 큰 게 당연하다. 해외영업은 그런 사람들을 상대해야 하는 일이기 때문에 그 차이에 대해 많이 생각할 수밖에 없다.

일을 하다 때때로 마주치는 국제적 차이들 중에는 상식적으로 이해되기 어려운 것도 간혹 있다. 하지만 업무에 관련된 것이기 때문에 이를 그저 그러려니 하고 넘겨버리기는 어렵다. 때로는 그 차이로 인한 불편과 괴로움을 온몸으로 감수할 수밖에 없는 것이다.

이천 년대에 들어 중동과 영미, 유럽권의 갈등이 점차 커지고 있다. 이는 국가 간 이권이 얽히고설켜 있기 때문이기도 하지만 문화적 이질성에서 비롯되는 상호 몰이해도 한몫을 하고 있다. 역사적으로 보면 구약성경이라는 하나의 뿌리에서 생겨난 두 개의 종교가 그처럼 심각한 갈등을 겪고 있다는 사실이 아이러니하다. 하지만 불교, 유교 등 동양의 전통을 기반으로 서양의 기독교 문화가 들어와 정착되면서 비교적 다채로운 문화적 영향을 받은 한국 사람으로서도 중동의 문화가 이질적으로 느껴지는 것은 분명한 사실이다.

이란으로 출장을 다녀온 적이 있는 SE팀(오리온에는 해외 현지 시장 개발을 지원하는 부서로서 Sales Engineering Team이 존재한다) 팀장님이 사우디를 경유하면서 겪었던 체험담이다. 잘 알려져 있다시피 사우디 여성들은 매우 폐쇄적인 환경 속에서 살고 있다. 특히 남녀 간의 구분이 매우 엄격해서 외출 시에는 거의 얼굴을 가리고 다녀야 하고 비행기 같은 공공 교통수단이라 할지라도 남녀가 합석을 할 수 없다. 그런데 항공사 측의 실수로 한 사우디 여성이 팀장님 옆 좌석에 배정된 것이다. 팀장님은 좌석을 바꾸려

했지만 여의치가 않았고 그 여성은 좌석을 어떻게든 변경해달라며 강력하게 항의했다. 실랑이가 벌어져 무려 한 시간이나 비행기 출발이 지연되었고 그 소용돌이의 중심에 있던 팀장님은 난처한 표정으로 상황을 지켜보는 수밖에 없었다.

해외 출장을 다니다 보면 이런 예상치 못한 순간에 부딪히게 되는 경우가 종종 있다. 음식, 예절 등과 관련된 문화적인 것에서부터 잘 알려져 있지 않은 그 나라만의 독특한 비즈니스 관행에 이르기까지 왕래가 잦았던 나라에서도 종종 새로운 상황에 맞닥뜨리곤 한다.

예전에 캄보디아에 출장을 갔을 때였다. 바이어가 데려간 음식점에서 이곳 음식을 잘 모르니 알아서 주문해달라고 했는데 잠시 후 묘한 모양의 단지에 수프가 나왔다.

"이게 무슨 음식인가요?"

"거북이 수프입니다."

몸에 좋다며 수프를 권하는 바이어에게 도저히 못 먹겠다는 말을 할 수 없었다. 평생 거북이를 먹어 본 적이 없는 나로서는 무척 곤란한 상황이었다. 억지로 한 숟가락을 떠서 입에 넣었는데 생전 처음 겪는 맛이어서 좋다 나쁘다 판단하기조차 어려울 지경이었다.

또 한번은 태국에 출장을 갔을 때의 일이다. 현지인들이 두 손을 모아 합장하며 인사하는 모습을 자주 보아온 터라 나도 그곳에서 만난 사람들에게 그렇게 인사를 하곤 했었다. 그런데 어느 날 호텔에 들어서면서 그곳 직원에게 합장 인사를 하는 나를 본 바이어가 약간 당황스러운 표정으로 내게 귀띔을 해주었다.

"합장은 주로 아랫사람이 윗사람에게 인사를 할 때나 접대하는 사람이 손님에게 인사할 때 하는 겁니다. 요컨대 스스로를 낮추는 의미인 거지요. 아무에게나 그렇게 할 필요는 없습니다."

외국인이 그 나라의 예절에 대해 익숙하지 않은 것은 당연하다. 그럴 때는 무작정 따라 하기보다는 차근차근 의미와 방식을 배워 나가야 한다. 경우에 따라서는 자칫 도리에 어긋나거나 상대방을 불쾌하게 만드는 행동을 범할 수도 있기 때문이다.

나와 다르다고 해서 상대방이 틀렸다고 말할 수는 없고 더욱이 문화적 차이에 옳고 그름의 잣대를 들이대서는 안 된다. 그러나 실제로 나와 너의 차이를 인정하고 받아들이는 것은 쉬운 일이 아니다. 이슬람 국가들 사이에 여전히 존재하는 명예살인(간통을 하거나 혼전에 정조를 상실한 여성을 남자 가족 구성원이 살인으로 벌하는 관습) 등이 그 대표적인 예다. 타 문화권에 사는 사람으로서는 도저히 납득하기 어려운 관습을 문화적 차이로서 존중하고 수용해야 하는지 아니면 잘못된 것이니 바꾸라고 해야 하는 것인지에 대한 문제는 여전히 논란거리다.

명예살인 같은 극단적인 경우가 아니라도 해외영업 일을 하다 보면 받아들이기가 쉽지 않은 이질적 문화와 종종 마주치게 된다. 이제 나는 그럴 때면 연애 초기의 상황을 떠올리곤 한다. 그때만큼 상대방에게 마음을 열고 대하는 때도 없기 때문이다. 나와 다른 무언가에 대해 스스로의 잣대를 들이대며 이성적으로만 판단하려고 하면 이해하기 어려운 게 많을 수밖에 없다. 하지만 애정과 관심을 가지고 바라보면 한결 수월하게 받아들여지고 친숙해진다. 바로 이것이 해외영업이라는 직업이 내게 가르쳐준, 차이에 대처하는 방법이다. 사랑이야말로 국경을 뛰어넘는 만고불변의 진리다. 그래서 사랑이 놀랍고 위대한 것인가 보다, 과연!

그곳에도
'내'가 있었다

내가 해외영업을 시작한 이래 나의 주요 무대는 줄곧 중
화권과 동남아시아였다. 지리적으로 가깝기 때문인지 우리나라 사
람들은 신혼여행지 등 관광지로 유명한 몇몇 지역 말고는 그 국
가들에 대해 그다지 흥미가 많지 않다. 하지만 그곳에서 일을 진
행해야 하는 나로서는 큰 관심을 갖지 않을 수 없다. 그 나라 사
람들이 무엇을 좋아하고, 어떤 것을 즐겨 먹는지 궁금해마지않는
다. 그들을 이해해야 비로소 내가 판매하고자 하는 상품을 자신
있게 내놓을 수 있기 때문이다. 하지만 이는 쉽지 않은 작업이다.

그리고 나는 그 어려운 과정으로부터 진정 많은 감동을 얻어왔다. 무엇보다 현지에 가서 그들의 사는 모습을 두 눈으로 직접 바라볼 때 느껴지는 감동은 무척 놀랍고 때로는 경이롭기까지 하다.

그 가운데 캄보디아에서 있었던 일이 아직도 기억에 남는다. 캄보디아 하면 사람들은 대개 세계적 관광지인 앙코르와트를 가장 먼저 떠올린다. 혹은 200만 명에 달하는 사람을 죽음으로 몰고 간 킬링필드를 이야기하기도 한다. 하지만 캄보디아가 세계 최빈국 가운데 하나라는 사실을 아는 사람은 그리 많지 않다. 최근 빠르게 경제가 성장하고 있기는 하지만 후진적 정치와 경제구조로 말미암아 이 나라의 국민소득은 여전히 300달러 수준에 불과하다.

내가 캄보디아에 간 것은 자동차 배터리 영업을 하고 있던 2005년 12월의 일이다. 새로운 바이어와 사업을 추진하게 되어 거래선 확인 및 격려차 방문했던 것이다. 물론 출장 전에 나는 이미 해당 국가에 대한 기본 조사는 마친 상태였다. 첫 방문 전에 정치, 경제, 인구와 같은 국가 개요에서부터 거래처 정보, 업계 관련 뉴스 및 전망 등에 이르기까지 일반적인 자료는 모두 끌어모아 정리하는 것이 일반적이기 때문이다. 하지만 내가 방문할 예정이었던 프놈펜은 캄보디아의 수도임에도 불구하고 관광객들이 잘 찾지 않는 곳이었다. 그런 만큼 사전에 안전과 스케줄 안배에 각별히 신경을 써야 했지만 그런 백과사전적 정보 이외에는 달리 구할 수 있는 게 없었다.

그렇게 두려움 반, 호기심 반의 심정으로 캄보디아에 도착했다. 다행히 바이어가 제시간에 공항에 마중 나와 있었다. 그때껏 통화를 할 때는 줄곧 영어로 커뮤니케이션을 해왔었는데 막상 만나보니 생김새가 영락없는 중국 사람이었다. 혹시나 싶어 중국어로 말을 걸었더니 아니나 다를까 그는 화교였다. 다른 아시아 지역들에서처럼 캄보디아에서 역시 중국인들이 캄보디아 경제의 중심에 서 있었던 것이다.

그날 본 프놈펜 시내의 밤 풍경이 아직도 생생하다. 거리에는 차가 그다지 많지 않았는데 그중 상당수가 번호판이 붙어 있지 않은 무적(無籍) 차량들이었다. 하지만 아무도 그런 일에 신경 쓰는 것 같지 않았다. 전기를 태국으로부터 수입해서 써서 그런지 거리에는 가로등은 고사하고 네온사인마저 흔치 않아 밤이 유달리 어두웠다. 그렇다. 이것이 자동차용 배터리가 캄보디아에서 많이 팔리는 이유이기도 했다! 자동차용 배터리가 일반 가정의 주요 전원이기도 했던 것이다.

이러한 상황이 대변하듯 캄보디아의 경제는 후진적 수준을 면치 못하고 있었다. 하지만 그럼에도 그 나라 사람들은 그들끼리

평화롭고 고요한 삶을 살고 있다. 출장차 여러 나라를 돌아다녀 본바 제아무리 가난해도 나름의 행복한 삶의 방식이 있다는 것을 알게 되었는데 캄보디아 사람들 역시 그들만의 미소를 지니고 있었다. 다만 킬링필드라는 과거의 흔적 때문인지 어딜 가도 왠지 모르게 쓸쓸하고 무거운 분위기가 감돌고 있었다.

그렇게 길을 가던 중에 문득 내 시선을 사로잡는 것이 있었다. 하얀 천 조각이 긴 장대에 묶인 채 하늘 높이 나부끼는 광경이었다. 동행하고 있던 바이어에게 무엇이냐고 묻자 그는 담담히 이야기했다.

"집안에 누군가 죽으면 내다 거는 깃발입니다. 상(喪) 중임을 나타내는 거죠."

나는 무언가에 홀린 듯 그 깃발의 사진을 찍었다. 바람에 한없이 너울거리는 하얀 깃발이 마치 떠나가는 영혼에게 따뜻한 작별을 고하는 것만 같았다. 그 깃발 아래 비쩍 마른 할아버지 한 분이 청동상처럼 자리를 지키고 앉아 있었다. 그의 표정은 덤덤했지만 그 안에 내재한 깊은 슬픔이 절로 느껴졌다. 그리고 그에게도 죽음은 그리 먼 이야기처럼 보이지는 않았다. 나는 그 광경을 바라보며 어느새 풍경으로만 존재하던 캄보디아 사람들을 나와 같은 또 다른 '사람들'로 받아들이고 있었다. 누구랄 것 없이 삶과 죽음의 경계에 서 있는 '우리'로서 말이다. 죽음만큼 가슴 한구석을 서늘하게 만들고 공평무사하게 만드는 것이 있을까? 어디에 살건, 어떤 환경에 살건, 우리는 똑같이 삶과 죽음 사이에서 비틀거리는 영혼이 아니던가.

지금도 이때의 경험을 떠올릴 때면 어느 곳에 가든 거리를 스쳐 지나가는 사람 한 사람, 한 사람이 어딘지 다르고 특별해 보이곤 한다. 이러한 시각의 변화가 내 인생에 얼마만큼의 영향을 미쳤는지는 나로서도 알 길이 없다. 다만 내 정신적 삶의 영역이 이로써 한 뼘 정도 더 넓어진 것만은 확실하다.

진실은 보이지 않는 곳에 있다

인간은 흔히 작은 새처럼 행동한다. 눈앞의 먹이에만 정신이 팔려 머리 위에서 매나 독수리가 내리 덮치려 하고 있는 것을 깨닫지 못하는 참새처럼 말이다.
– 마키아벨리

소비재 해외영업을 하다 보니 수입상과 비즈니스를 진행하는 과정에서 많은 갈등을 겪는다. 주력 개발 시장의 경우에는 수출 이후 현지 판매와 관리에 대해서까지 개입하고자 하기 때문이다. 그러나 수입상 입장에서는 우리 제품만 전담해서 판매하는 대리점이 아니기 때문에 그런 개입이 달가울 리 없다. 시장 및 유통 정보가 수익 창출과 직결되어 있으므로 이를 거래 기업에 공개하는 것을 꺼리게 마련이다. 제품을 생산하고 수출하는 기업의 관점과 수입해서 판매만 하는 관점 사이에 기본적으로 존재하는 미묘한 차이가 갈등 요소로 변질되는 것이다. 극단적인 경우에는 이러한 갈등으로 인해 비즈니스 자체가 중단되기까지 하므로 영업을 하는 입장에서는 이런 갈등을 잘 조율하는 것이 매우 중요한 업무 가운데 하나다.

나는 다년간의 해외영업 경험을 통해 그 갈등은 진실을 간파하기 위한 노력에 의해서만 해소된다는 것을 알게 되었다. 모순적인 상황 속에 감춰진 모종의 진실을 파악하면 갈등을 무마하고 새로운 변화를 이끌어낼 수 있다.

과거 한 수입상과 프로모션 진행과 관련해 이해가 엇갈려 충돌이 빚어진 적이 있다. 기존에 거래가 없었던 것이나 다름없던 나라였는데 그 수입상과 함께 초기 판매 계획에 대해 논의하고 있던 때였다. 그런데 판매 계획 수립 단계에서부터 우리와 그들의 입장이 미묘하게 엇갈리기 시작했다.

우리처럼 브랜드를 가진 제조사는 제품을 처음 시장에 소개할 때 좀 더 많은 사람에게 제품을 알리면서 판매도 극대화시킬 수 있는 판촉 행사를 구상하게 되는데 제과 회사 입장에서는 시식회만큼 좋은 게 없다. 많이 먹여 봐야 소비자들이 다시 찾는다는 기본 원칙에 충실한 것이다. 이런 이유로 시식회를 할 수 있을 만큼 넓은 매장을 갖춘 대형 할인점들이 1차 목표가 되고, 그러다 보니 판촉 비용이 만만찮게 소요된다. 문제는 그 비용 모두를 제조사가 백 퍼센트 책임지기는 어렵다는 것이다. 수입상도 일부 혹은 절반 정도 투자를 해야 하고, 행사의 진행 및 관리는 일체 수입상이 책임져야 한다. 또 행사가 끝난 뒤에는 행사에 대한 결과 보고도 해야 한다. 수입상 입장에서는 비용과 노력의 부담이 적지 않은 셈이다.

반면 수입상 입장에서 대형 할인점은 한마디로 계륵이다. 대량 판매가 가능하기는 하지만 그만큼 투자를 필요로 하기 때문에 수익이 적거나 심지어 마이너스가 될 수도 있다. 수익이 1차 목표인 수입상 입장에서는 돈도 많이 남고, 판매 뒤에 그다지 신경을 쓰지 않아도 되는 도매상에서 판매하는 게 훨씬 유리하다. 대형 할인점 비즈니스는 상징적인 수준에서 진행하고 도매상 판매를 활성화시켜 좀 더 많은 이득을 보고 싶어 하는 것이 수입상의 기본 입장이다. 특히 규모가 작은 수입상일수록 더더욱 그러하다. 투자 여력이 충분치 않고, 당장의 매출과 수익이 아쉽기 때문이다.

요컨대 제조사는 장기적 안목에서 브랜드 가치와 소비자의 재구매를 유도하는 쪽으로 기울어져 있다면, 수입상은 당장의 판매와 수익에 좀 더 기울어져 있다고 할 수 있다. 이런 입장 차이로 인해 수입상은 제조사가 지원을 해준다고 하더라도 대형 할인점 활동을 가급적 최소화하길 원한다. 시식회를 진행하는 데 지원해줄 돈을 도매상 판매 활성화를 위한 지원금으로 바꾸고 싶어 한다.

나는 당시 이런 입장 차이를 좁히기 위해 수입상과 수차례 미팅을 가지며 달래기도 하고 으름장을 놓기도 해 보았으나 해결이 쉽지가 않았다. 회사에 보고한 업무 스케줄상 협상을 끝내야 할 시점이 다가오고 있었기 때문에 나는 점점 초조해졌다. 그러다 나는 당시 수입상이 대형 할인점 활동에 대해 지나치리만치 소극적이라는 데 의심을 품게 되었다. 단순한 입장 차이가 아니라 좀 더 근본적인 데 문제가 있을 수도 있다는 생각이 들었다.

시간이 부족한 상황이었지만 나는 다시금 상대 수입상의 상황을 좀 더 자세히 들여다보기로 했다. 그들이 설명하고 있는 회사 현황과 실제 현황 사이에 차이가 있는 것은 아닌지, 내가 요구하는 것들이 그들의 역량과 비교해 현실적으로 무리한 것은 아닌지 살펴봤다. 그러자 아니나 다를까 조금씩 실체가 드러났다. 그들이 자기네 창고라며 보여준 창고가 사실은 임대 창고였고, 취급하는 제품이라고 보여준 것들도 알고 보니 그들이 거래하는 도매상의 것이었다는 등의 숨겨진 실체들이 하나둘 드러나기 시작했다.

결론적으로 말해 그들은 스스로의 규모나 역량을 실제보다 훨씬 부풀려 우리에게 알렸고, 사실상 내가 요구하는 만큼의 대형 할인점 활동을 진행하는 것은 무리였다. 나는 결국 수입상의 교체를 결심할 수밖에 없었다. 문제가 갈등 무마 차원에서 전폭적인 변화를 필요한 수준으로 변화했기 때문이다.

그동안 해외영업을 해오면서 이와 같은 경험을 꽤 많이 했다. 절차상의 편의를 도모하기 위한 사소한 거짓말부터 대형 사기라 할 만한 수준의 거짓말까지 온갖 허위가 난무하는 곳이 바로 글로벌 비즈니스의 세계다. 그렇기 때문에 늘 눈에 보이는 것 너머에 있는 진실을 파악하려는 노력이 중요하다.

그 진실을 꿰뚫어 보기 위해서는 소탐대실의 원리를 이해해야 한다. 눈앞의 이익을 지나치게 쫓다 보면 놓치는 것이 많아지고, 그렇게 하나둘 사소한 단서들을 흘려보내다 보면 결국 커다란 진실을 놓치게 되는 경우가 많기 때문이다. 글로벌 비즈니스는 우선 신중해야 한다. 일을 하다 보면 늘 일정이나 이익에 쫓길 수밖에 없기는 하지만 그럼에도 진실을 외면해서는 안 된다. 이는 결국 더욱 커다란 손실을 불러오게 마련이다.

나는 내가 꾸는
꿈의 재료다

우리 모두 리얼리스트가 되자. 그러나 불가능한 꿈을 꾸자.
– 에르네스토 체 게바라

1999년 여름, 나는 칭다오에서 상하이로 가는 버스에 몸을 싣고 있었다. 낡은 장거리 버스 내부는 이층으로 개조를 해놓았는데 그 환경이 무척 열악했다. 그 아래쪽에는 좌석이 있지만 위쪽은 눕지 않으면 들어가 있을 수 없을 만큼 천정이 낮고 비좁았다. 별수 없이 여행을 같이 하던 친구들과 번갈아 일이 층을 오가며 상해까지 긴 여정을 보냈다.

워낙 장거리 여행이었던 터라 차창 밖으로 수많은 풍경이 흘러갔다. 허름한 도시를 지나 끝없이 펼쳐지는 농경지가 끝나면, 무

168

리 지어 걸어가는 소떼를 만나기도 하고, 한참 동안 산이라고는 찾아볼 수 없는 광활한 평원을 지나기도 했다.

잠시 잠을 청했다가 눈을 떠 보니 버스는 배를 타고 강을 건너고 있었다. 희부연 새벽녘의 일이었다. 비좁은 버스의 이층 공간에 엎드린 채 버스 창밖을 물끄러미 내다보았다. 저 멀리 아련하게 흘러가는 강물이 마치 바다처럼 수평선을 이루고 있었다. 그 순간 나는 내가 너무나 낯선 곳에 와 있다는 것을 실감하고 잠시 아득한 기분에 사로잡혔다. 낯선 이방인으로서 어둡고 비좁은 버스 안에 누워 있는 내 모습이 흡사 어디로 가는지 알지도 못한 채 흘러만 가고 있는 내 인생과 완벽하게 겹쳐졌다. 나는 내게 아무런 꿈이 없다는 사실을 깨달았다. 이유는 알 수 없지만 그땐 그 사실이 어찌나 애달프게 여겨졌는지 하마터면 울컥 눈물을 쏟을 뻔했다. 의미 있는 꿈을 가지게 되기를 간절히 바랐다. 저 강물에 떠다니는 부유물 같은 인생을 살지는 말자고 다짐하고 또 다짐했다.

이후 어느새 10여 년이 흘러 나는 서른여섯 살이 되었다. 그리고 아직 눈에 보이는 성과를 내지는 못했지만 적어도 구체적인 꿈을 갖고자 했던 내 소망은 이루어졌다. 어찌 보면 늦었다 할 수 있지만 꿈을 이루기 위해 노력함에 있어 빠르고 늦음을 논하는 것만큼 의미 없는 짓은 없을 것이다. 중요한 것은 지금 실행하고 있느냐 그렇지 않느냐다. 나는 이제야 그 사실을 깨달았고, 그 깨달음을 실천하고 있다. 그동안 내가 겪은 방황들에는 분명 이유가 있을 것이고 그 이유들을 하나하나 밝혀나가면 될 일이다.

해외영업 일을 시작한 이후 나는 운 좋게도 참 많은 나라를 다니며 좋은 경험들을 축적했다. 그리고 이제 나는 이따금씩 세계지도를 펼쳐 볼 때면 그 안에서 내게 손짓하는 무궁무진한 가능성을 발견한다. 그 가능성들은 아직 말로 표현될 수 있을 만한 실체가 없다. 구체적인 꿈으로의 형질 변화를 기다리는 에너지 덩어리 같은 것이다. 대부분의 형질 변화가 임계점에서 발생하는 것처럼 나는 그 순수한 에너지 덩어리를 내 안에서 최대한 부풀리고 키워서 마침내 구체적인 꿈으로 말할 수 있는 그날이 오기를 진심으로 바란다.

이것이 바로 내가 생각하는 해외영업의 가장 큰 매력이다. 전 세계를 내 눈앞에 놓고 꿈을 논할 수 있다는 것 말이다. 생각의 크기가 그 사람 인생의 크기를 말해준다고 한다면 해외영업은 그 어떤 직업보다 더 큰 생각을 가능케 해준다. 이 직업의 비전은 무한한 창조 가능성이다. 이는 아무것도 그려져 있지 않은 백지를 던져 주는 것이나 다름없다. 필요한 자질은 망설임 없이 과감하게 그 백지를 채워나갈 수 있는 자신감뿐이다.

일을 통해 무언가를 꿈꾸는 것은 무척 중요하다. 요즘같이 고용이 불안정하고, 일과 삶이 분리되기 쉬운 현실 아래 일 속에서 인생의 꿈을 발견하는 것은 극히 어려운 일일 것이다. 꿈을 꾼다고 해서 모두 이뤄낼 수 있는 것도 아니고, 꿈을 꾸다가도 이런저런 이유로 좌절을 맛보게 될 수도 있다. 그러나 중요한 것은 꿈을 놓지 않는 것이며, 꿈을 꿀 수 있는 여지가 조금이라도 남아 있다면 그것을 붙잡는 것이다.

식품 기업에서 해외영업을 하는 것은 쉽지 않은 일이다. 다른 업계와는 달리 수출 자체만의 매출 영향력이 크지 않기 때문에 회사 내에서 협조를 얻어내는 것도 쉽지 않다. 더구나 조직 내에서 승진을 거듭하며 성장하기도 어렵다. 승부처가 내부의 조직이 아니라 해외시장에 있기 때문이다. 그러나 그렇기 때문에 좀 더 원대한 꿈을 꿀 수 있는 것도 사실이다. 조직에 얽매이지 않고, 자신의 승부처에 집중하면서 자신이 또 하나의 글로벌 비즈니스 신화를 만들어내는 주인공이 되겠다는 꿈을 꿀 수 있는 것이다. 성공 가능성 혹은 스스로의 역량에 대한 의구심과 두려움이 없는 것은 아니다. 그러나 그 모든 두려움과 의구심 속에서도 여전히 나는 생각한다, 처음부터 쉽고 가능해 보이는 것에 대해 꿈을 논할 수는 없는 법이라고. 어려워 보이니까 해 볼 만한 것이다. 불가능해 보이니까 꿈꿔 볼만 한 것이다. 그래서 꿈이 아니던가. 해외영업이란 직업은 오늘도 나에게 이렇게 말하고 있다.

"생각에 한계를 두지 말고, 세계라는 넓은 무대에 커다란 가능성을 설계하고, 실현을 위해 노력하라!"

내가 거기에 걸맞은 사람인지, 끝내 꿈을 실현할 수 있을지에 대한 의문과 의구심을 모두 접어두더라도 해외영업이 던지는 이 메시지는 여전히 중요하고 가치 있는 것이라고 나는 믿는다. 우리는 우리가 꾸는 꿈의 재료가 아니던가. 단순한 밥벌이는 끝끝내 삶의 목표가 될 수 없다.

차선을 최선으로
만드는 오늘을 살아라

2006년 여름, 아버지가 오랜 투병 끝에 숨을 거두셨다. 만 60세가 되시던 해였다. 나와 아버지 사이는 그다지 좋지 않았다. 아버지는 전형적인 경상도 출신의 남자였다. 가부장적이었고, 가족보다는 친구나 사회활동을 더 중시했다. 집에서는 별다른 대화가 없었고, 설혹 대화를 해도 거의 일방적인 설교를 들어야 하는 경우가 대부분이었다. 덕분에 나는 아버지가 돌아가시던 그 순간까지도 아버지에 대해 별로 아는 것이 없었다. 특히 그분이 살아생전에 일생을 바쳐 일한 직업에 대해서는 거의 무지했다. 내가 아는 것이라고는 아버지가 건설 분야에서 일하셨다는 것과, 여러 차례 사업을 벌이다 흥망성쇠를 거듭했다는 것뿐이다.

그래서였을까? 아버지가 그처럼 허망하게 유명을 달리하신 순간, 내 가슴에 커다란 의문 하나가 숙명처럼 다가왔다. 최후의 순간 홀연히 눈을 감으시던 아버지에게 나는 묻지 않을 수 없었다.

'아버지, 당신 인생의 의미는 무엇이었나요? 평생 무엇을 위해 살아오신 건가요?'

이건 아주 개인적인, 가장으로서의 아버지가 아닌, 한 개인으로서의 아버지에 대한 질문이었다. 물론 이미 돌아가신 아버지에게 답을 들을 수 있을 리 없다. 영원히 나는 이 질문에 대한 답을 들을 수 없게 된 것이다. 어찌 보면 다행스런 일인지 모른다. 만약 아버지가 "니들을 위해 살았지, 누굴 위해 살았겠노" 같은 대답을 하셨다면 조금은 실망했을지 모르기 때문이다. 결과적으로는 아버지에게 답을 얻을 수 없게 된 지금, 나는 내 인생을 통해 그 질문에 대답하는 수밖에 없게 되었다. 아마도 나는 이즈음부터 언젠가 내 직업에 대한 글을 써야겠다고 생각하기 시작한 것 같다.

그리고 꽤 긴 시간이 흐른 뒤, 나는 후배 신입사원 한 명을 부사수로 맞이하였다. 그는 어린 시절 해외에서 살았던 경험이 있어서 영어는 거의 원어민 수준이었고, 베트남어를 전공해 제2외국어도 수준급으로 구사하는 친구였다. 집안 형편도 나쁘지 않아 부족할 것 없이 자라서인지 사람 좋고 순수했지만 반면에 미숙하고 어수룩한 면모가 있었다. 결국 이 친구는 입사 후 2년을 채우지 못하고 회사를 떠났다. 사회생활을 시작한 이후 부사수를 맞이하여 일을 가르치고 멘토 역할을 한 것은 처음이었기 때문에 나로서는 그 친구를 다잡기 위해 나름 많은 노력을 기울인 참이었다. 그래서였는지 이 친구의 퇴사는 내게 적지 않은 충격을 주었다. 그를 옆에 앉히고 가르칠 때는 어떤 식으로든 정답을 알려주고 싶었는데, 지나고 보니 그것이 욕심이었다는 것도 알게 되었다. 결국 정답이란 스스로 찾는 것이다. 나는 그저 그가 스스로 정답을 찾을 수 있도록 조금씩 배려하고 기다려주었어야 했다.

그의 퇴사 후에 나는 여러모로 많은 고민을 했다. 왜 이 친구의 업무 스킬은 내가 기대하는 만큼 빠르게 향상되지 않았던 것일까? 왜 같은 부서 사람들에게 자연스럽게 녹아들지 못하고 항상 겉돌기만 했던 것일까? 왜 그는 늘 불안해하고 의기소침해하며 직장생활을 즐기지 못했던 것일까? 이런저런 의문들이 단초가 되어 나는 점점 더 많은 질문을 던지게 되었다. 그리고 나는 조금씩 그에 대한 답들을 구체적으로 찾아나가기 시작했다. 특히 지난 시절 나의 경험들을 돌이켜 보면서 나는 내 지나온 시간들이 지금 내가 던지고 있는 질문들에 대한 대답들을 숨겨놓고 있다는 사실을 알게 되었다. 심지어 지금 이 글을 쓰고 있는 와중에도 다시금 새롭게 깨닫게 되는 것들이 있으니 그것은 진정 놀랍고 신기한 경험이었다.

이렇게 마침내 책의 말미에 이르렀다. 이즈음에서 끝내 말해야 할 것이 있다. 이는 누구건 이 책을 집어든 사람이라면 꼭 가져갔으면 하는 메시지다. 지나치게 간단하고도 상식적인 말이겠지만 너무나 중요한 부분이기에 여기에 반복한다.

"자신이 가야 할 길은 오로지 스스로 선택하고 만들어야 한다."

누군가가 이미 만들어놓은 아름답고 정다운 오솔길이든, 그 누구도 가 보지 않은 정체불명의 위험으로 가득한 미지의 정글이든 그것이 자신의 머리로 생각하고 가슴으로 느껴서 선택한 길이어야 한다는 점은 똑같이 중요하다. 그런 전제가 뒷받침되지 않고서는 운 나쁘게 잘못된 길에 들어섰을 때 도무지 해결 방법이 보이지 않을 것이다. 자신이 서 있는 곳의 좌표도, 끝내 도달할 행선지도 막막하기만 할 것이다. 무엇보다 그 길 위에 서 있는 자신이 너무나 불행하고 힘겹게만 느껴질 것이다.

오늘날 대다수의 직업을 지칭하고 있는 '밥벌이'라는 단어가 늘 어딘가 비애를 자아내는 이유는 그 안에 '불가항력'이라는 패배의식이 어둡고 습한 지하실 창고의 거미줄처럼 똬리를 틀고 있기 때문이다. 그러나 잊지 말아야 할 또 한 가지 사실은 설사 처음 무언가를 선택할 때 스스로의 생각과 신념으로 결정을 내리지 못했다고 할지라도 너무 염려할 필요가 없다는 사실이다. 왜냐하면, 선택의 순간이란 단지 한 번만 주어지는 것이 아니기 때문이다. 다행히도 우리는 매순간마다 우리의 삶과 미래를 선택하고 만들어갈 수 있는 권리와 능력을 지니고 태어났다. 우리의 목숨이 끊어지지 않는 한 우리는 늘 잘못된 선택을 최우선의 선택으로, 잘못된 결정을 최선의 결정으로 만들 수 있는 기회가 있다. 지금 이 순간부터 당장 결심하고 실행하면 될 뿐이다.

지금 여기에 막상 이 책을 내놓자니 여러 가지로 부끄러움이 앞선다. 나는 진심을 다했는가? 이 글이 과연 여러 사람에게 도움이 될 것인가? 여전히 자신 없는 질문이 꼬리에 꼬리를 문다. 그러나 결국 주사위는 던져진 것이다. 누군가 우연한 기회에 이 책을 만나 희망의 메시지를 얻고 삶 속에서 자그마한 변화의 계기를 만들 수 있게 된다면 나로서는 진심으로 행복하고 감사할 것이다.

2010년 11월, 윤한길

밥벌이
마인드

초판 1쇄 인쇄 2010년 12월 6일
초판 1쇄 발행 2010년 12월 13일

지은이 윤한길
펴낸이 김선식
펴낸곳 (주)다산북스
출판등록 2005년 12월 23일 제313-2005-00277호

PD 최윤석
DD 황정민
다산라이프 최소영, 최윤석
디자인본부 최부돈, 황정민, 김태수, 조혜상
마케팅본부 모계영, 신현숙, 김하늘, 박고운, 권두리
광고팀 한보라, 박혜원
온라인마케팅팀 하미연
저작권팀 이정순, 김미영
미주사업팀 우재오
경영지원팀 김성자, 김미현, 유진희, 김유미, 정연주
외부스태프 본문조판 김종희

주소 서울시 마포구 서교동 395-27번지
전화 02-702-1724(기획편집) 02-703-1725(마케팅) 02-704-1724(경영지원)
팩스 02-703-2219
이메일 dasanbooks@hanmail.net
홈페이지 www.dasanbooks.com

필름 출력 스크린그래픽센타
종이 월드페이퍼(주)
인쇄·제본 (주)현문

ISBN 978-89-6370-434-0 03320

• 책값은 표지 뒤쪽에 있습니다.
• 파본은 본사와 구입하신 서점에서 교환해드립니다.
• 이 책은 저작권법에 의하여 보호를 받는 저작물이므로 무단 전재와 복제를 금합니다.